Biodigestores

Energia, Fertilidade e Saneamento para a Zona Rural

Dados Internacionais de Catalogação na Publicação (CIP)
(Câmara Brasileira do Livro, SP, Brasil)

Barreira, Paulo
Biodigestores: energia, fertilidade e saneamento para
a zona rural / Paulo Barreira. — 3ª edição. — São Paulo:
Ícone, 2011.

Bibliografia
ISBN 85-274-0235-1
ISBN 978-85-274-0235-4

1. Autoclaves   2. Biomassa   I. Título

92-3017   CDD-660.283

Índices para catálogo sistemático:

1. Biodigestores: Tecnologia química   660.283

Paulo Barreira

Biodigestores

Energia,
Fertilidade
e Saneamento
para a Zona Rural

3ª Edição

cone
editora

© Copyright 2011.
Ícone Editora Ltda

Capa
Richard Veiga

Produção de miolo
Anízio de Oliveira

Diagramação
Pedro F. Moraes

Digitação
Marilene Russo de Moraes

Revisão
Adalberto de Oliveira Couto

Proibida a reprodução total ou parcial desta obra,
de qualquer forma ou meio eletrônico, mecânico,
inclusive através de processos xerográficos,
sem permissão expressa do editor
(Lei n° 9.610/98).

Todos os direitos reservados pela
ÍCONE EDITORA LTDA.
Rua Anhanguera, 56 – Barra Funda
CEP 01135-000 – São Paulo – SP
Fone/Fax.: (11) 3392-7771
www.iconeeditora.com.br
iconevendas@iconeeditora.com.br

Índice

Capítulo 1

Por Que o Biodigestor: história e importância 5
Crise de combustíveis 5
Biomassa inesgotável 8
A riqueza do biogás 9
O poder do biodigestor 11
Biodigestor no Brasil 13
O biodigestor no mundo 16
Os modelos chinês e indiano 19
Outros modelos 22
• Biodigestor da Marinha 23
• Biodigestor de batelada 24
• PE-02 — A experiência nordestina 25

Capítulo 2

Biofertilizantes: um adubo insuperável 29
De olho no futuro 31
Saneando a zona rural 32

Capítulo 3

Mãos À Obra: como construir um biodigestor 35
Onde instalar 35
Período de fermentação 36
O que utilizar no biodigestor 37
Como fazer a mistura 38
Como definir o tamanho do biodigestor 39
Temperatura na definição do tamanho 42
Questionário de escolha do tipo de biodigestor 43
Uma advertência 45
Construindo um biodigestor indiano 46
• Biodigestor de 10,8 m^3 46
• Biodigestor de 20,3 m^3 46

Doze passos para a construção ... 47
Possíveis problemas ... 57
A manutenção ... 59
Plantas detalhadas ... 60
Construindo um biodigestor chinês ... 68
Experiência Embrater/Emater - DF ... 70
Colocando o biodigestor em funcionamento ... 81
Observações muito importantes ... 82
Um teste para vazamentos ... 83
Limpeza do biodigestor ... 84
Dois modelos de agitador ... 85
Alguns conselhos finais ... 87

Capítulo 4

Generalidades: os dois modelos ... 89
O biogás na cozinha ... 89
Iluminando com biogás ... 91
Outras utilidades ... 92

Apêndice

Cálculo de um biodigestor ... 95
Dados para cálculo de materiais de construção ... 104

Bibliografia ... 105

Capítulo 1

POR QUE O BIODIGESTOR: HISTÓRIA E IMPORTÂNCIA

CRISE DE COMBUSTÍVEIS

Os que estudam nosso planeta, de forma global, sabem que vivemos hoje mais uma "crise de combustíveis" do que exatamente uma "crise de energia", como se convencionou chamar. A energia disponível na face da Terra e que não é aproveitada, ou que o homem simplesmente desperdiça, seria suficiente para sustentar a humanidade em crescimento por tempo indefinido.

Em praticamente tudo o que faz, o homem consome energia: no trabalho, em casa, passeando ou divertindo-se. Nos primórdios da Humanidade, a única energia que o homem despendia provinha dos alimentos, e permitia ao corpo manter-se para a vida, a caça, as caminhadas e a reprodução. Mais tarde, o ser humano descobriu o fogo, a força dos ventos e das correntes para mover seus barcos, a energia dos animais de carga para se locomover e, com o início da agricultura, puxar o arado. Conforme a civilização se expandiu, modificaram-se os hábitos, cresceram as cidades e, sempre para sustentar esse crescimento, foram sendo descobertas novas formas de energia e inventados equipamentos e máquinas para utilizá-las. Foi assim com o carvão, a caldeira a vapor, a eletricidade e até as fontes químicas inventadas pelo homem, como é o caso da pólvora.

Ao longo desse processo, nasceram as cidades, as indústrias, as nações e a civilização tal como a conhecemos hoje, com seus grandes conglomerados, os veículos de locomoção rápida, a tecnologia de ponta e até os foguetes interplanetários, que consomem formas sofisticadas de energia.

O combustível do qual o homem mais depende hoje, o petróleo — responsável pelo *padrão* energético da nossa civilização —, foi descoberto há não mais que 150 anos como fonte de energia poderosa e barata. Neste pouco mais de um século, o petróleo passou a ser utilizado para movimentar praticamente tudo: máquinas, automóveis, aviões. Com o petróleo se produz plástico, borracha, tintas, adubos, inseticidas; com ele se faz o asfalto. Se olharmos ao nosso redor, dentro de casa, no escritório, na rua, na propriedade rural minimamente modernizada, encontraremos derivados do petróleo em quase tudo. Até para gerar eletricidade, o petróleo é utilizado. A civilização, como a conhecemos hoje, é totalmente dependente do petróleo.

Mas, ao lado de sua imensa utilidade, o petróleo oferece alguns grandes problemas. Além de poluidor, ele é uma fonte de energia *não-renovável*. As jazidas existentes no subsolo, embora sejam ainda abundantes, demoraram milhões de anos para se formar. No dia em que se esgotarem, não poderão ser produzidas pelo homem. Os países produtores de petróleo, há duas décadas, descobriram esta realidade e, com ela, o grande poder que detêm nas mãos. Muitos desses países, entre os quais se destacam as nações árabes, não têm nenhuma riqueza importante para a atual civilização, além do petróleo. Alguns perceberam que seus poços começavam a secar, ou, então, tomaram consciência de que, mais dia menos dia, isto seria inevitável. E transformaram o petróleo em uma grande arma econômica e política. Tanto que, nestas duas últimas décadas, o preço do petróleo subiu, em valores reais, mais de vinte vezes.

Assim, esta fonte de combustível, barata e abundante quando foi descoberta, tornou-se cara e problemática. Além da questão econômica, o uso incontrolado do petróleo passou a provocar sérios transtornos ambientais. Sabe-se hoje que o excesso de gás carbônico — lançado na atmosfera pelos automóveis, caminhões e máquinas que funcionam à base de derivados de petróleo — é um dos principais fatores responsáveis pelo chamado "efeito estufa", ou seja, o aumento da temperatura terrestre, com resultados que podem ser catastróficos para o futuro do planeta.

Diante de tudo isso, e logo após as primeiras "crises do petróleo", ocorridas no início dos anos 70, a humanidade se engajou em uma busca frenética de novas formas de energia ou, mais precisamente, de fontes de combustíveis que permitissem a continuidade de seu crescimento dentro dos padrões atuais. Retomou-se a pesquisa de aproveitamento do xisto betuminoso (uma rocha de onde se extrai um óleo semelhante ao petróleo) e incentivou-se o emprego, há muito conhecido, do carvão como fonte de energia. Mas todos esses combustíveis, em menor ou maior grau, apresentam limitações semelhantes às do petróleo. Poluem não só o ar, mas também o solo e as águas. Suas reservas são limitadas, constituindo-se, portanto, como o petróleo, em fontes de energia *não-renováveis*. As usinas atômicas, que nos últimos 20 anos floresceram nos países desenvolvidos como cogumelos após a chuva, embora renováveis, se mostraram perigosas, a ponto de toda a humanidade desejar hoje a redução de sua utilização.

Essas sucessivas crises das últimas décadas, por um lado, foram positivas. Obrigaram a humanidade a iniciar uma reflexão profunda sobre seus modelos de consumo de energia e o padrão de utilização dos recursos não-renováveis da natureza. Hoje, sabe-se que, se a civilização humana não conseguir alterar sua fórmula de aproveitamento da energia disponível no planeta, uma grande crise se avizinhará. O modelo existente foi iniciado num tempo em que os grandes problemas atuais ainda não existiam, a população da Terra era reduzida e as disponibilidades da natureza abundantes. Mas, agora, a humanidade sabe que não pode mais continuar sustentando os atuais índices de crescimento do planeta com base na matriz energética do petróleo.

Ao constatarem esta realidade, alguns anteviram catástrofes para os seres humanos: fome, mortandade por falta de recursos, crises ambientais decisivas, e assim por diante. Mas muitos preferiram enxergar, em outra direção, o horizonte. E passaram a prestar atenção às fontes de energia abundantes e "limpas" (não-poluidoras) que existem no planeta: a energia dos ventos, das águas, das marés. E, acima de todas, à fonte mais abundante que todos os dias cobre a Terra em quantidades imensas: a energia solar. É o calor e a luz oriundos do Sol que geram toda a vida no planeta. Permitem que as plantas cresçam, a Terra se aqueça e os animais continuem vivos. Essa energia pode ser aproveitada não só diretamente, por meio dos coletores solares e outras tecnologias semelhantes, mas, principalmente, através da *biomassa*. A biomassa é o combustível "mais" inesgotável e renovável que se conhece. Ela é criada, continuamente, com base na energia solar, da mesma maneira que foi a ação do Sol que gerou o petróleo e o carvão.

BIOMASSA INESGOTÁVEL

A toda a matéria viva existente em um lugar, bem como aos restos dessa substância após a morte, chama-se *biomassa*. Homens, plantas e animais — incluindo-se, aí, as folhas secas, cadáveres, fósseis, galhos de árvores, insetos vivos ou seus restos, e assim por diante, até as escalas microscópicas de seres — constituem a biomassa de nosso planeta. Tal substância está sendo constantemente renovada. Utilizando o gás carbônico, resultado da respiração dos seres vivos, e usando o Sol como fonte de energia, as plantas combinam as mais diferentes substâncias, produzindo outras, novas, como vitaminas, amido, proteínas e gorduras. Através da fotossíntese, que é a utilização direta da luz solar, as algas microscópicas e as plantas criam a base para o crescimento de toda a vida no planeta. Enquanto existir vida, existirá a biomassa.

A produção mundial de biomassa é estimada em 75 bilhões de toneladas anuais. Se toda a sua energia pudesse ser utilizada diretamente pelo homem, isso equivaleria a algo em torno de 1.500 bilhões de barris de petróleo por dia, mais de dez vezes o consumo total de energia de todas as nações do mundo. Mas é claro que isso não é possível.

Grande parte da biomassa produzida é utilizada diretamente por homens e animais na forma de alimentos. O homem também precisa de madeira, por exemplo, para construir casas e barcos e, assim, a natureza não pode ser inteiramente utilizada para produzir energia, sob risco de provocar desequilíbrios ambientais catastróficos.

Ocorre que grande parte da energia armazenada na biomassa é simplesmente perdida, lançada na atmosfera, na forma de gases ou de calor, através do processo de decomposição. Toda matéria viva, após a morte, é decomposta por bactérias microscópicas. Durante esse processo, as bactérias retiram da biomassa parte das substâncias de que necessitam para continuarem vivas, e lançam na atmosfera gases e calor. Este é o chamado *biogás*, uma fonte abundante, não-poluidora e barata de energia. Sua utilização permitiria que a humanidade reduzisse, drasticamente, o consumo de petróleo.

O biogás, ao contrário do álcool da cana-de-açúcar e de óleos extraídos de outras culturas, não compete com a produção de alimentos em busca de terras disponíveis. Afinal, ele pode ser inteiramente obtido de resíduos agrícolas, ou mesmo de excrementos de animais e dos homens. Assim, ao contrário de ser um fator de poluição, transforma-se em um auxiliar do saneamento ambiental. O biogás pode ser produzido a partir do lixo urbano, como já se faz nos chamados "aterros sanitários" de quase todos os países desenvolvidos do mundo e cuja experiência começa a ser implementada em algumas grandes cidades brasileiras. Nas propriedades agrícolas, ele pode ser produzido em aparelhos simples, os chamados *biodigestores*.

A RIQUEZA DO BIOGÁS

O biogás é uma mistura do metano, do carbônico e de outros gases em menor quantidade. O metano, principal componente do biogás (65%), não tem cheiro, cor ou sabor. Mas os outros gases presentes têm um cheiro semelhante ao do ovo podre. Como sua participação é pequena, esse odor é muito discreto e quase sempre imperceptível. Na queima, ou seja, após ser o gás utilizado, o cheiro desaparece — de modo que ele nunca será sentido pelo usuário.

É a porcentagem de metano que confere ao biogás um alto poder calorífico, que varia de 5.000 a 7.000 kcal por metro cúbico. Esta variação decorre de sua maior ou menor pureza, ou seja, maior ou menor quantidade de metano. O biogás altamente purificado pode alcançar até 12.000 kcal por metro cúbico. Assim, um metro cúbico de biogás equivale a:

0,613 litro de gasolina;
0,579 litro de querosene;
0,553 litro de óleo diesel;
0,454 litro de gás de cozinha;
1,536 quilo de lenha;
0,790 litro de álcool hidratado;
1,428 kw de eletricidade.

O biogás pode ser utilizado para fazer funcionar motores, geradores, motopicadeiras, resfriadores de leite, aquecedor de água, geladeira, fogão, lampião, lança-chamas, aquecedor para pintos e leitões, entre outros. Substitui o gás liquefeito de petróleo na cozinha, e a energia elétrica em equipamentos cujo tempo de funcionamento é determinado, como televisor, liquidificador, ferro de passar, iluminação elétrica, rádio etc. Nestes casos, é necessário que se adapte um alternador, um regulador de voltagem e uma bateria de 12 volts à linha de gás.

A criatividade permite a multiplicação do uso do biogás em uma propriedade agrícola, bastando, para isso, que o produtor dimensione a capacidade de geração de seu biodigestor, antes de instalá-lo. Assim, em uma propriedade agrícola, o biodigestor pode transformar-se num fator de verdadeira independência energética. Mas não é só isso. Como veremos adiante, o resíduo que sobra em um biodigestor agrícola é um fertilizante de propriedades excepcionais.

Para se produzir um metro cúbico (m^3) de biogás, é necessário:

25 kg de esterco fresco de vaca; ou
5 kg de esterco seco de galinha; ou
12 kg de esterco de porco; ou
25 kg de plantas ou cascas de cereais; ou
20 kg de lixo.

O PODER DO BIODIGESTOR

O biodigestor, como toda grande idéia, é genial por sua simplicidade. Trata-se, basicamente, de uma câmara fechada onde a biomassa é fermentada anaerobicamente, e o biogás resultante é canalizado para ser empregado nos mais diversos fins.

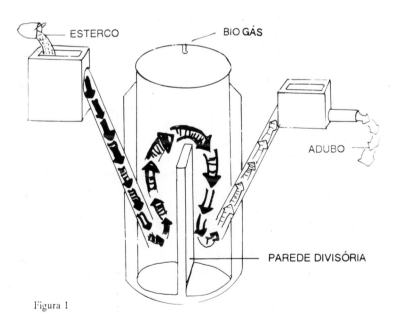

Figura 1

O biogás é produzido no interior da câmara pelo processo chamado *fermentação*. A fermentação é o mesmo método utilizado para fabricar vinho, vinagre, cerveja e diversas outras substâncias. Ela está ocorrendo a todo momento na natureza, pelas bactérias que decompõem o amido e as demais substâncias das plantas. Alguns tipos de bactérias, como as que produzem cerveja e vinagre, por exemplo, precisam do oxigênio do ar para realizar seu trabalho. São as chamadas bactérias *aeróbias*. Outras, as chamadas *anaeróbias*, só trabalham na ausência de oxigênio. São estas as que sobrevivem nos intestinos dos animais e as responsáveis pela fermentação dos excrementos, produzindo o metano como subproduto desse processo. O *biodigestor*, portanto, funciona a partir do trabalho das bactérias *anaeróbias*.

Como o biodigestor, além de produzir gás, limpa os resíduos não-aproveitáveis de uma propriedade agrícola e gera fertilizantes, é considerado por alguns como um poço de petróleo, uma fábrica de fertilizantes e uma usina de saneamento, unidos em um mesmo equipamento. Ele trabalha com qualquer tipo de material que se decomponha biologicamente sob ação das bactérias anaeróbias. Praticamente todo resto de animal ou vegetal é biomassa capaz de fornecer biogás através do biodigestor. Os dejetos animais são o melhor alimento para os biodigestores, pelo fato de já saírem dos seus intestinos carregados de bactérias anaeróbias. Os dejetos humanos também produzem biogás.

Eis alguns exemplos de dejetos animais e sua capacidade de produzir biogás.

DEJETOS	PRODUÇÃO DIÁRIA	PRODUÇÃO DE BIOGÁS
Bovinos	15 kg/animal	270 m³ por ton
Suínos	2,25 kg/animal	560 m³ por ton
Eqüinos	10 kg/animal	260 m³ por ton
Ovinos	2,80 kg/animal	250 m³ por ton
Aves	0,18 kg (galinha)	285 m³ por ton

No que diz respeito à biomassa utilizada, há, inclusive, biodigestores especialmente concebidos para empregar determinadas substâncias específicas, como é o caso do modelo apresentado em 1981 pela Organização das Cooperativas do Estado do Paraná. Esse biodigestor, desenvolvido na Holanda, utiliza o caldo da cana-de-açúcar (garapa), altamente energético, para produzir gás. De um modo geral, para as condições brasileiras, o biodigestor rural deve ser capaz de aproveitar todas as sobras orgânicas da propriedade (aqueles restos que se transformariam em lixo e nem sequer seriam aproveitados como adubo verde) para a produção de gás e *biofertilizante*. Foi neste sentido que se desenvolveu a pesquisa de adaptação tecnológica do biodigestor em nosso país.

BIODIGESTOR NO BRASIL

Dono de uma das biomassas mais exuberantes e de um dos maiores rebanhos bovinos do mundo, o Brasil só despertou para os biodigestores, com vistas à produção de biogás, após a eclosão dos primeiros "choques do petróleo". Assustados com as sucessivas altas de preço do petróleo, que desequilibravam vigorosamente a balança de pagamentos, os governos militares da segunda metade dos anos 70 passaram a investir na busca das então chamadas "energias alternativas". Foi assim que nasceram o Proálcool e inúmeros planos de aproveitamento da energia solar, desenvolvidos na época por centros de pesquisas de importantes universidades brasileiras.

Em 1977, a Embrater (Empresa Brasileira de Tecnologia e Extensão Rural) lançou o Projeto de Difusão do Biogás no meio agrícola brasileiro, executado por 24 empresas estaduais de extensão rural, excetuando-se apenas São Paulo e o Distrito Federal. Os planos eram ambiciosos. Até 1979, estava prevista a construção de sete mil biodigestores no meio rural. Mas, de 1979 a 1983, anos que marcaram o ápice do projeto, foram construídos apenas três mil biodigestores em propriedades rurais. Em 1984, durante o seminário "Potencial de Mercado para Fontes Não-Convencionais de Energia no Brasil para o Ano 2000", o técnico da Embrater Normando Alves da Silva justificava o resultado com as seguintes palavras: "Como se tratava de introduzir uma nova tecnologia no meio rural, totalmente desconhecida dos técnicos e produtores, era esperado um processo de adoção lento e difícil, como tudo o que ocorre no meio rural".

Mas, além disso, dizia ele, "os recursos da ordem de Cr$ 284,5 milhões, diluídos em 24 Estados, foram insuficientes para imprimir um projeto dinâmico e agressivo de substituição de combustível no meio rural". Agindo de forma confusa, em janeiro de 1981 o governo liberou uma linha de financiamento específica para a construção de biodigestores. Alguns bancos chegaram, inclusive, a operar com o repasse do Banco Central. Mas, em dezembro do mesmo ano, sem maiores explicações, o programa foi desativado.

Segundo Normando Alves da Silva, o projeto de difusão de biodigestores iniciou suas atividades sem o apoio necessário da pesquisa aplicada. Ou seja, por falta de material desenvolvido *no país*, os extensionistas assumiram a responsabilidade de transferir uma nova tecnologia baseando-se, apenas, em experiências realizadas fora do Brasil.

Assim, propunha-se a construção de biodigestores desenvolvidos em condições climáticas ainda não testadas em nosso país. Tudo isso, diz Normando, fez com que os biodigestores fossem divulgados "por 'especialistas' que nunca construíram um biodigestor e muito menos conheciam as possíveis reações do produtor rural a este tipo de equipamento".

Os problemas eram claramente agravados pela política governamental, que definia as opções energéticas do Brasil ao sabor dos acontecimentos externos. Ao amainar a crise do petróleo, desativaram-se, em meados dos anos 80, as pesquisas em busca de novas fontes de energia. Incapaz de estabelecer políticas regionais, com planos de metas claramente dimensionados a longo prazo, o governo desestabilizava o seu próprio plano de incentivo aos biodigestores, subsidiando o gás liquefeito de petróleo. Em 1980, por exemplo, um bujão de GLP chegava em Cruzeiro do Sul, no Acre, por Cr$ 932. A este preço, tornava-se altamente compensatório ao produtor rural montar um biodigestor apenas para produzir gás. Ocorre que, por causa dos subsídios, o GLP era vendido ali por apenas Cr$ 280. "Daí muitos produtores não optarem por biodigestores, porque dispunham de GLP barato, subsidiado, de fácil transporte e que oferece uma série de serviços alternativos e qualidade de vida", explica Normando.

Apesar de todas essas dificuldades e contradições, a experiência vivida pelos extensionistas em condições de campo, junto com o produtor rural, permitiu que aos poucos o país dominasse a tecnologia do biodigestor e mostrasse que sua utilização é mais do que possível — é mesmo indispensável — para as condições brasileiras. O nosso país tem importado quantidades crescentes de GLP e de fertilizantes, fabricados a partir do petróleo. A instalação massiva de biodigestores pode reduzir drasticamente essas importações.

A par com essa necessidade, a tecnologia de construção e manuseio de biodigestores já foi dominada pelos técnicos e pela indústria brasileira. Desde o início das atividades do Projeto de Difusão do Biogás, a Embrater estreitou o relacionamento com a indústria privada de equipamentos e motores de biogás. Embora essa indústria pioneira e incipiente não tivesse recebido nenhum apoio governamental direto, em 1985 já gerava divisas para o Brasil, exportando equipamentos e motores a biogás para diversos países da América Latina. Hoje, já existe uma oferta tecnológica de bens, equipamentos e motores a biogás, que permite a expansão de um projeto de construção de biodigestores em ampla escala no país. Como mostra a tabela 1, a riqueza que isso poderia gerar para o Brasil não é desprezível. E, se falta vontade governamental, são os trabalhadores rurais que devem colocar mãos à obra.

Tabela 1-- Estimativa do rebanho bovino até o ano 2000, vacas ordenhadas, produção de esterco e de biogás, seu equivalente em GLP (produção diária) e o valor anual do potencial

ANO	REB. BOVINO (1) (10³. cab)	VACAS ORD. (2) (10³.cab)	PROD. ESTER. (3) (10³.kg)	PROD. BIOGÁS (4) (10⁶. m³)	PROD. BIOGÁS (5) (10⁶. kg)	EQUIV. EM GLP (6) (10³.kg)	EQUIV. ENERG. GLP (7) (m³)	VALOR DO POTENCIAL/ ANO (8) (US$ 10⁶)
1980	118.971	16.513	66.048	2,0	2,32	812	1.460	94
1983	128.493	17.860	71.440	2,1	2,44	854	1.536	98
1985	135.260	18.801	75.204	2,3	2,67	935	1.681	108
1990	153.780	21.375	85.500	2,6	3,02	1.057	1.901	122
1995	174.836	24.302	97.208	2,9	3,36	1.176	2.115	135
2000	198.776	27.629	110.516	3,3	3,83	1.341	2.412	154

Fonte: IBGE, dados do rebanho de 1980. Estimativa própria para os períodos até o ano 2000.

Nota:

(1) Taxa média anual de crescimento do rebanho de 2,6%, utilizada no Condepe/MA por J. Mattoso e H. Franco.

(2) Taxa de 13,9% para as vacas ordenhadas sobre o total do rebanho.

(3) Média de 4 kg por vaca ordenhada.

(4) FCP-Fator de conversão igual a 0,03/m³ biogás/kg.

(5) Massa específica do biogás igual a 1,16 kg/m³

(6) Fator 0,35 kg GLP/kg biogás.

(7) Fator 556 kg GLP/m3.

(8) Fator lt GLP por US$ 315 médio, em julho/83 (812 x 315 x 365 dias).

O BIODIGESTOR NO MUNDO

Países ricos e pobres, dos quatro continentes, utilizam hoje, em maior ou menor escala, o biodigestor como fonte de energia e biofertilizante. Em 1979, por exemplo, o Centro Francês de Informação Industrial e Econômica desenvolveu projetos de instalação de biodigestores nas regiões de suinocultura de seu país, visando a reduzir a poluição provocada pelos dejetos do rebanho na terra e nos rios. De quebra, diminuiu drasticamente o consumo de fertilizantes e de energia dessas regiões. Por diferentes razões, o mesmo tem ocorrido em vários países desenvolvidos da Europa. No outro extremo, até o pequeno Instituto Salvadoreño de Investigaciones del Café, de El Salvador, desenvolveu pesquisas sofisticadas procurando a mistura exata de esterco bovino e resíduos de café para a produção de biogás em biodigestor.

Mas é de dois países pobres, em luta secular com a fome e o excesso populacional, que nos vêm as mais fascinantes experiências com o biodigestor. Um, a China comunista, com mais de um bilhão de habitantes e que se defronta com o desafio permanente de produzir alimentos em ampla escala. Outro, a Índia, extremamente pobre e faminta, carente não só de alimentos, mas também de energia.

Foram esses dois países que desenvolveram e aperfeiçoaram os modelos de biodigestor mais empregados hoje no Brasil e no mundo. Na China, existem hoje mais de oito milhões de biodigestores em funcionamento, contra pouco mais de 300 mil na Índia. No Brasil, no início dos anos 90, segundo estimativas da Embrapa, eles não chegavam a oito mil.

Há pelo menos meio século, para os chineses, a instalação de biodigestores transformou-se em questão estratégica, incrustada em lógicas de política internacional. País continental, com excesso de população, a China optou, durante os anos 50 e 60, no auge da guerra fria, por uma política de descentralização energética. Baseavam-se os governantes em uma lógica simples. No caso de uma guerra mundial — que poderia significar a destruição quase completa da civilização como a conhecemos — o ataque às grandes centrais energéticas, como poderosas usinas nucleares, representaria o fim de toda a atividade econômica no país. Isso porque a energia deixaria de ser conduzida para aqueles pequenos centros, nos rincões agrícolas, que conseguiriam passar incólumes ao poder destruidor do inimigo. A descentralização, portanto, implicava tornar autosuficientes as pequenas vilas, vilarejos e comunidades das regiões mais longínquas. Desnecessário explicar a razão pela qual os biodigestores fizeram parte dessa estratégia.

17

Independentemente das razões estratégicas de guerra, o modelo chinês de desenvolvimento vem contemplando, sistematicamente, as chamadas "tecnologias socialmente apropriadas", por uma razão prática e imediata. Com milhões de bocas para alimentar, o país não pode dar-se ao luxo de mecanizar em ampla escala a atividade agrícola, utilizando tratores e implementos e deixando trabalhadores desempregados. Em decorrência disso, foram sedimentados modelos de aproveitamento e aperfeiçoamento de tecnologias rudimentares. Daí o interesse pelo desenvolvimento dos biodigestores.

Na Índia as causas foram mais singelas, e nem por isso menos graves. Mortificados pela miséria e sem a autossuficiência em petróleo que sempre deu segurança aos chineses, os indianos têm sido obrigados, sistematicamente, a utilizar o conhecimento e a sabedoria de sua casta privilegiada para minimizar o sofrimento das imensas populações marginais, castigadas pela fome e pela falta dos produtos mais elementares da civilização. Também aí é desnecessário explicar a importância dos biodigestores.

Dessas duas experiências, ambas embasadas em culturas milenares, nasceram os modelos de biodigestores mais empregados hoje no Brasil e no mundo. Tecnologicamente, ao discutirmos essas experiências, precisamos levar em conta dois fatores fundamentais: os biodigestores chineses têm como meta principal a produção de biofertilizantes, já que a produção de alimentos é o seu grande problema. A China é exportadora de petróleo. Daí ter optado por um biodigestor mais simples e econômico. Já na Índia, o problema principal é energético, o que resultou em um modelo mais sofisticado e técnico, capaz de aproveitar com maior eficiência o biogás produzido.

A produção de biofertilizantes é a mesma nos dois modelos. Tecnicamente, para as condições climáticas da maior parte do Brasil, a menor capacidade de aproveitamento da produção de gás do modelo chinês é insignificante.

Por isso, os órgãos brasileiros de extensão rural optaram pelo modelo chinês, dadas as suas facilidades de construção e tecnologia mais simples. Neste livro, entretanto, forneceremos subsídios para a construção dos dois modelos, em suas formas já testadas na realidade brasileira, de modo a permitir a reflexão e a opção do produtor, segundo suas necessidades. O ideal é que a decisão seja precedida de consulta prévia ao órgão de extensão rural mais próximo.

OS MODELOS CHINÊS E INDIANO

As diferenças entre os modelos indiano e chinês de biodigestores não são expressivas. O detalhe mais significativo refere-se à cúpula do gasômetro, região onde fica armazenado o biogás gerado pela fermentação. O biodigestor indiano tem uma cúpula móvel, de metal; e o chinês, uma cúpula fixa, de alvenaria.

No modelo indiano, a cúpula vai subindo em torno de uma guia de metal, à medida que se enche de biogás. Esta cúpula funciona como um verdadeiro gasômetro, já que, pelo seu próprio peso, acaba imprimindo uma certa compressão ao gás estocado. Esta compressão pode ser aumentada por meio da fixação de pesos especiais na cúpula de metal.

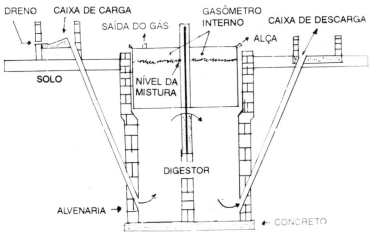

Figura 2

Através desse sistema simples, imprime-se maior pressão quando for necessário aumentar a velocidade de saída do gás.

No modelo chinês a cúpula é fixa, de alvenaria, guarnecida por uma espécie de válvula, que é composta por uma tampa e pressionada por um depósito de água. A característica deste modelo exige que se esgote o gás com mais freqüência, a fim de evitar-se o desperdício.

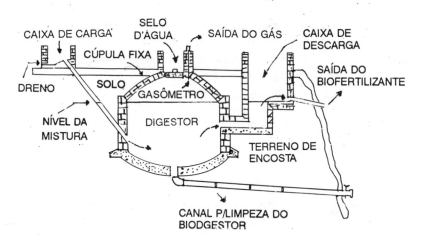

Figura 3

COMPARAÇÃO DE CARACTERÍSTICAS DE CONSTRUÇÃO

SISTEMA CHINÊS	SISTEMA INDIANO
MATERIAIS	
Tijolo, pedra, concreto, areia, cimento, ferro.	
SISTEMA	
Abastecimento periódico, esvaziamento não-periódico.	Abastecimento e esvaziamento periódicos.
POSSIBILIDADE DE AUTO-INSTALAÇÃO	
Pode ser montado inteiramente pelo usuário, desde que tenha bastante habilidade como pedreiro.	Pode ser montado pelo usuário, mas a câmara de gás deve ser feita em oficina metalúrgica.
ISOLAMENTO TÉRMICO	
Feito dentro da terra, tem bom isolamento natural e a temperatura é mais ou menos constante. Pode-se melhorar o isolamento fazendo o biodigestor sob currais ou estábulos	Tem perdas de calor pela câmara de gás metálica, difícil de isolar menos indicado para climas frios.
PERDAS DE GÁS	
A parte superior deve ser protegida com materiais impermeáveis e não-porosos; difícil obter construção estanque.	Sem problemas.
MATÉRIAS-PRIMAS USADAS	
Esterco e outros restos orgânicos (incluindo materiais fibrosos), excrementos humanos.	Esterco, excrementos e materiais fibrosos acrescentados como aditivo.
PRODUTIVIDADE	
Tempo de digestão 40-60 dias; produção de 150 a 350 l por m^3 do volume do digestor/dia. Se for perfeitamente estanque pode produzir até 600 l/m^3/dia.	Tempo de digestão 40-60 dias, produção 400 a 600 l/m^3/dia.
MANUTENÇÃO	
Deve ser limpado uma ou duas vezes por ano.	A câmara de gás deve ser pintada uma vez por ano.
CUSTO	
Razoável se for possível a ajuda mútua.	Mais caro (depende do custo da campânula).
MELHORIAS POSSÍVEIS	
Abóbada impermeável, adoção de agitadores, montagem de aquecimento.	Campânula inoxidável, melhoria no isolamento térmico da mesma.

Nos demais aspectos, o processo de biodigestão (fermentação) é praticamente o mesmo nos dois modelos. Dentro do tanque do biodigestor há uma parede que o divide em duas câmaras. Ligado exteriormente à primeira, por meio de tubulação *(ver figura 2)*, há um tanque de carregamento, por onde a mistura a ser fermentada é lançada ao interior do biodigestor. Ali, a mistura entra em fermentação anaeróbia, produzindo o biogás, que se armazena na cúpula. Conforme se enche o tanque de carregamento, uma quantidade igual de massa orgânica já digerida, ou curada, é forçada a passar para a câmara seguinte, empurrando, por sua vez, o equivalente de resíduos que estiver na parte superior da segunda câmara para a caixa de coleta ou de descarga. O material que sai dali é o rico biofertilizante, adubo composto por 5% de sólidos pastosos e 95% de líquido. O compartimento de coleta, como se vê pelos desenhos, é posicionado um pouco abaixo da caixa de carregamento, para que possa receber regularmente o biofertilizante produzido.

OUTROS MODELOS

Além dos modelos chinês e indiano, há dezenas de outros biodigestores em funcionamento no mundo. No Brasil, diversos modelos têm sido avaliados ou utilizados em grandes empresas, as quais empregam biodigestores do tipo industrial. Em 1980, o governo de Pernambuco iniciou um programa específico de construção de biodigestores, adotando o modelo indiano, com algumas inovações técnicas. Foram fabricadas 52 unidades com campânulas de plástico, mas o resultado foi negativo. O plástico, embora funcionasse bem em condições de laboratório, quando no campo se ressecava com facilidade.

Há dois bons modelos de biodigestores desenvolvidos no Brasil. Um deles foi projetado pelo Departamento de Engenharia Rural da Faculdade de Ciências Agrárias e Veterinárias da Unesp (Universidade Estadual de São Paulo), em Jaboticabal. Ele é conhecido como Biodigestor Modelo Jaboticabal.

O biodigestor de Jaboticabal foi baseado no modelo indiano, com as medidas adaptadas, visando a fermentar esterco misturado com água. Isso porque o esterco de vaca, porco e galinha é abundantemente desperdiçado nas pequenas propriedades agrícolas de todo o Brasil. Este modelo será apresentado mais amplamente no Apêndice, onde todas as medidas de cálculo se referem a ele.

BIODIGESTOR DA MARINHA

A Marinha brasileira também desenvolveu um modelo de biodigestor, que tem a cúpula de lona preta, impermeabilizada. Esse modelo, por ser mais raso e longo, oferece maior produtividade de gás por massa fermentada. Mas, como apresenta vantagens e desvantagens em relação aos outros modelos, sua utilização deve ser decidida de acordo com as particularidades da propriedade rural. Por isso, ele não tem sido adotado em ampla escala pelos órgãos de extensão rural.

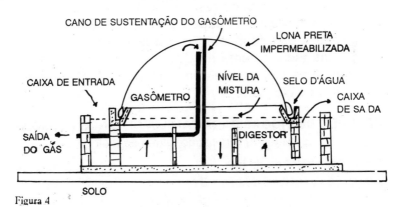

Figura 4

Para exemplificar, apresentamos ao final deste capítulo uma tabela de comparação entre os modelos chinês, indiano e o desenvolvido pela Marinha brasileira.

BIODIGESTOR DE BATELADA

O biodigestor de batelada é um modelo simples, próprio para produções pequenas de biogás. Trata-se de um tanque que pode ser de alvenaria, metal ou fibra de vidro, o qual é carregado, fechado e, depois de 15 a 20 dias de fermentação, começa a produzir biogás. A produção continua durante 20 dias ou mais. Quando cessa a fermentação, o biodigestor de batelada é aberto, descarregado, limpo e carregado de novo, reiniciando o processo.

Como se vê, o biodigestor de batelada, para manter uma produção contínua, deve trabalhar com duas unidades. Quando um biodigestor começa a produzir, o outro é carregado. Quando acaba o biogás de um, o outro já começa a produzir. Utilizando as informações técnicas detalhadas no Capítulo 3, o produtor terá subsídios para definir-se ou não por esse modelo, de acordo com suas necessidades e capacidade de investimento. O biodigestor de batelada é encontrado pronto no mercado ou pode ser construído, com auxílio de um técnico agrícola, utilizando material simples existente na propriedade.

Em todos os casos, a decisão que deverá preceder a escolha do biodigestor diz respeito às necessidades de gás e biofertilizante da propriedade, bem como à disponibilidade de biomassa para fermentação. Essas informações serão detalhadas tecnicamente no Capítulo 3. Como exemplo, apresentamos uma tabela com um padrão de consumo doméstico de biogás.

CÁLCULO DE BIOGÁS PARA FAMÍLIA DE CINCO PESSOAS
(cozimento, iluminação, e uso de motor)

5 pessoas x 0,23 m³ de gás .... 1,15 m³
2 lampiões x 0,12 m³ de gás x 3 hs de funcionamento .... 0,72 m³
1 motor de 9 HP x 0,40 m³ de gás x 1/2 hora .... 1,80 m³
Subtotal .... 3,67 m³
Acréscimo eventual de 10% .... 0,36 m³
Total de consumo/dia .... 4,03 m³

Fonte: SEI/EMATER/PE.

PE-02 — A EXPERIÊNCIA NORDESTINA

O Nordeste brasileiro é considerado pelos técnicos uma região excelente para o emprego de biodigestores, em função de seu clima. O calor, como é sabido, favorece o desenvolvimento das bactérias que realizam a fermentação. Um biodigestor capaz de processar 10 m^3 de biomassa, por exemplo, produz 6,7 m^3 de biogás/dia, em média, no Nordeste. Na região Sul, onde, em função do clima mais frio, as bactérias trabalham mais lentamente na maior parte dos meses do ano, chega a ser necessário um biodigestor com até o dobro dessa capacidade, para efetivar a produção da mesma quantidade de gás.

Com vistas ao aproveitamento desse potencial, o engenheiro agrônomo Jaime Germano do Nascimento, coordenador do Sistema Energético Integrado (SEI), da Emater-PE, desenvolveu, a partir de 1986, um biodigestor chamado PE-02 — em função da sigla do Estado onde ele vive: Pernambuco.

O PE-02 é um projeto intermediário entre o biodigestor chinês e o indiano. Embora funcione totalmente enterrado no solo, a exemplo do biodigestor chinês, ele mantém uma pressão de gás constante, como o biodigestor indiano. Sua construção é mais simples que a do chinês, e não exige impermeabilização. A estrutura de ferro do gasômetro, utilizada no modelo indiano, foi substituída no PE-02 por uma caixa de cimento -amianto impermeabilizada. Ele pode funcionar tanto com carga contínua (diária) quanto com semicontínua e descontínua (quando é carregado e descarregado de uma só vez). O sistema semicontínuo é útil aos produtores que possuem poucos animais, e exige uma caixa de carga pequena. No PE-02 idealizado para trabalhar em sistema descontínuo, dispensa-se, inclusive, a caixa de carga. A entrada do material é feita diretamente na "boca" do biodigestor.

É o próprio Jaime Germano que explica as outras vantagens do biodigestor desenvolvido por ele e sua equipe: "O biodigestor indiano não trabalha com capim. Já o modelo chinês utiliza capim apenas em carga descontínua, tipo batelada. Já o PE-02 pode funcionar naturalmente com os capins camerum, elefante e baronesa, além de cascas, restos de frutas, verduras e esterco". O capim, nas condições de funcionamento no Nordeste, é altamente produtivo: uma tonelada chega a produzir 210 m^3 de gás, contra apenas 40 m^3 produzidos pela mesma quantidade de esterco. Nos últimos anos, estão sendo realizadas pesquisas visando ao aproveitamento dos capins braquiária e colonião, bem como do sorgo e do esterco de caprinos e ovinos, abundantes na maior parte dos Estados nordestinos.

O PE-02 encontra-se em fase avançada de testes e já começa a ser construído em algumas propriedades rurais nordestinas. Trata-se de mais uma importante opção daquelas regiões.

TABELA 3. — COMPARAÇÃO DE DESEMPENHO ENTRE TRÊS MODELOS DE BIODIGESTORES

	CHINÊS	INDIANO	NACIONAL (MARINHA)
MATERIAIS	Tijolo, cimento, pedra e areia.	Tijolo, cimento, pedra, areia, ferro ou alumínio.	Tijolo, cimento, pedra, areia e plástico.
SISTEMA	Abastecimento e esvaziamento periódicos.		
POSSIBILIDADE DE INSTALAÇÃO	Pode ser montado inteiramente pelo usuário, desde que tenha bastante habilidade como pedreiro.	Pode ser montado pelo usuário, mas a câmara de gás deve ser feita em oficina metalúrgica (funilaria).	Pode ser montado pelo usuário, mas a câmara de gás deve ser adquirida em firma credenciada pela Marinha.
ISOLAMENTO TÉRMICO	Feito dentro da terra: bom isolamento natural, a temperatura constante. Para melhorar, instalar o digestor sob estábulos.	Tem perdas de calor pela câmara de gás metálica, difícil de isolar. Menos indicado para climas frios.	Não tem problemas de perda de calor.
PERDAS DE GÁS	A parte superior deve ser protegida com materiais impermeáveis e não-porosos; difícil obter construção estanque.	Sem problemas.	
MATÉRIA-PRIMA USADA	Esterco, excrementos e restos de vegetais muito bem triturados e submetidos a pré-fermentação.		Esterco, excrementos, e maior quantidade de restos vegetais.
PRODUTIVIDADE	Tempo de digestão, 30-60 dias; produção de 150 a 350 l/m³ do volume do digestor/dia. Se for perfeitamente estanque, pode produzir até 600 l/m³.	Tempo de digestão, 30-60 dias; produção de 400 a 600 l/m³ do volume do digestor/dia.	Tempo de digestão, 30-60 dias; maior produção de gás em relação ao volume de biomassa devido à sua forma.
MANUTENÇÃO	Deve ser limpado uma ou duas vezes/ano.	A câmara de gás deve ser pintada uma vez/ano.	Limpar uma vez/ano.
CUSTO	1m³= 35 a 40 mil cruzeiros.	1m³= 60 a 70 mil cruzeiros.	1m³= 40 a 45 mil cruzeiros.
MELHORIAS POSSÍVEIS	Abóbada impermeável, adoção de agitadores, construção de parede divisória no digestor.	Campânula inoxidável e melhoria no isolamento térmico da mesma.	Campânula com maior espessura e segurança contra danos; sistema que permita pressão constante.

27

Capítulo 2

BIOFERTILIZANTES: UM ADUBO INSUPERÁVEL

O biofertilizante que resulta do biodigestor é um maná.

Em 1986, falando ao repórter Roberto Manera, da revista *Globo Rural*, o engenheiro agrônomo alemão Ralph Wagner, radicado no Rio Grande do Sul, advertia: "O pouco interesse pelos biodigestores no Brasil, nestes últimos dez anos, deve-se ao fato de eles terem sido apresentados apenas como alternativa energética (...) O que mais interessa é divulgar o biofertilizante como substituto vantajoso dos adubos e defensivos industriais". As experiências realizadas com o biofertilizante, em diversos cantos do Brasil e do mundo, respaldam a afirmação do agrônomo.

Em Minas Gerais, o pesquisador Ivanildo Marriel, do Centro Nacional de Pesquisa de Milho e Sorgo (CNPS), em Sete Lagoas, conseguiu triplicar a produtividade do milho conjugando biofertilizantes produzidos pelos biodigestores com a adubação química. De quebra, descobriu que o solo tratado com o resíduo do biodigestor perdeu todo o alumínio tóxico produzido pela acidez. A Embrapa, de Goiânia, também dobrou a produtividade do arroz-de-sequeiro, com a aplicação de 8 toneladas de biofertilizante por hectare.

Essas experiências oficiais somam-se a centenas de relatos de indústrias e pequenos agricultores que observaram, surpresos, mudanças profundas no comportamento e na produtividade de suas terras, após empregarem o biofertilizante durante alguns meses. Uma das mais marcantes experiências neste sentido foi realizada pela Sendas Agropecuária, uma empresa do grupo Casas Sendas, que dirige uma das maiores redes de supermercados do Estado do Rio de Janeiro.

No início da década de 80, a Sendas arrendou uma área, no fundo da baía da Guanabara, onde só florescia uma vegetação baixa, fibrosa e fraca. Aquela área havia sido um pântano, posteriormente aterrado, mas que se manteve improdutivo por mais de 50 anos. Extremamente ácido, o solo apresentava pH em torno de 3,5. Nessa área, sob a direção do agrônomo alemão Aloísio Sturn, foi montada uma estação de confinamento de gado para engorda. Ao redor, aproveitando a área livre, Sturn decidiu iniciar experiências agrícolas.

Nem Sturn nem os diretores da Sendas Agropecuária alimentavam maiores expectativas com relação àquelas terras. De qualquer forma, para aproveitar a grande quantidade de esterco oriundo da estação de confinamento, decidiu-se instalar um biodigestor modelo M-3, desenvolvido pela Marinha brasileira. O biodigestor, depois de entrar em funcionamento, começou a produzir cerca de 200 kg de biofertilizante/dia. O produto foi incorporado à terra e, em menos de um ano, aquela área até então inútil para a agricultura começou a mostrar sua outra face. O pH da terra, surpreendentemente, foi melhorando. Até hoje não se sabe quais as razões que levam a terra adubada com biofertilizante a ter o seu pH corrigido. Mas as experiências mostram que isso ocorre. O pH médio do biofertilizante é de 7,5 — levemente alcalino, portanto. Este índice é extremamente favorável ao crescimento de microrganismos úteis à terra. Assim, os especialistas acreditam que o biofertilizante não *corrige* a acidez da terra, mas cria condições para a proliferação desses microrganismos, que restabelecem a vida do solo, propiciando o equilíbrio do pH.

Ao longo desse processo, a terra tornou-se fértil a tal ponto que passou a ser utilizada para o cultivo de hortaliças, comercializadas na própria rede de supermercados Sendas. Sturn surpreendeu-se ainda mais ao descobrir que essas hortaliças, conforme avançava o tratamento da terra com novas doses de biofertilizantes, começaram a se mostrar mais vistosas e saudáveis, mais resistentes às pragas que outras plantadas em diferentes áreas do grupo, mas que não eram tratadas com biofertilizante.

Os primeiros resultados levaram a Agropecuária Sendas a investir pesado na idéia. Ela integrou o projeto de confinamento à criação de porcos, construindo um grande biodigestor com capacidade de processar até 1.400 m³ de

30

biomassa. O projeto de Sturn prima pelo equilíbrio energético: aproveitando resíduos da cadeia de supermercados para engordar os porcos, ele utiliza depois os dejetos e esterco para alimentar o biodigestor. Esse método produz 1.203 m³ diários de gás metano, o que permite quase a auto-suficiência energética do complexo e 3 toneladas/dia de biofertilizante. O gás carbônico (CO_2) que resulta do processo de biodigestão também poderá ser engarrafado e vendido como matéria-prima para empresas que fabricam extintores de incêndio.

DE OLHO NO FUTURO

Segundo Normando Alves da Silva, da Embrapa, a importância da matéria-prima orgânica no manejo ecológico do solo tem sido constatada em estudos realizados, em escala mundial, pela FAO e a Unesco. Em um desses estudos se esclarece: "Se persistirem os níveis de empobrecimento do solo, 1/3 das terras aráveis do planeta desaparecerá nos próximos 20 anos". Diante disso, tem havido uma corrida mundial para a recuperação de terras esgotadas pela atividade agrícola intensiva. Ocorre que, tradicionalmente, essa recuperação é feita por meio da adubação química à base do NPK (nitrogênio, fósforo e potássio). Estas são apenas três substâncias retiradas do solo pela planta, para seu desenvolvimento. Existem inúmeras outras, algumas até hoje ainda desconhecidas pela ciência agrícola, mas que também entram no balanço da "vida do solo". As experiências com adubação orgânica têm demonstrado que este é o único tipo de manejo que permite a recuperação completa da microvida. Daí o incentivo que vem recebendo em todo o mundo.

Soma-se a isso a economia propiciada pelo biofertilizante. O consumo de fertilizantes químicos tem duplicado ano a ano, no Brasil, em função da expansão da fronteira agrícola. Sua substituição, ao menos em grande parte, pelo biofertilizante, permitiria uma redução drástica com relação à dependência agrícola do petróleo. Estima-se que, se apenas o esterco das fêmeas do rebanho bovino brasileiro fosse processado em biodigestores, o país poderia produzir algo em torno de 6 mil toneladas diárias de biofertilizante. Em algumas regiões do Brasil, agricultores que construíram biodigestores em suas propriedades já começam a comercializar biofertilizante ao preço do fertilizante químico, representando isto uma importante fonte de renda alternativa para o proprietário.

SANEANDO A ZONA RURAL

Como se não bastasse a sua relevância como adubo, o biofertilizante, como vimos rapidamente no Capítulo 1, ainda desempenha um importante papel no saneamento da zona rural brasileira. É o engenheiro agrônomo Zemiro Massoti, de Concórdia, Santa Catarina, uma das principais regiões suinocultoras do país, quem afirma: "Uma das melhores características dos biodigestores é a sua capacidade de sanear o meio rural". Ele diz isso baseado em uma experiência concreta.

A partir do início dos anos 80, foi incentivada a instalação de biodigestores em Concórdia, com vistas a aproveitar os dejetos suínos. Ali, os vários biodigestores instalados foram construídos com pedras, que existem em abundância por todo o campo, permitindo uma redução de até 60% com relação ao custo de um biodigestor fabricado em alvenaria.

Os produtores que instalaram biodigestores obtiveram resultados concretos muito rapidamente. Além de aproveitarem o gás no uso doméstico, melhoraram a fertilidade de suas terras e acabaram com a poluição provocada pelos dejetos dos porcos.

A poluição resultante dos excrementos suínos é um problema grave que aflige os produtores mundiais. Países desenvolvidos, como Alemanha, Holanda e França, se vêem constantemente às voltas com esse problema. Em Concórdia, em 1985, constatou-se que as sobras das pocilgas contaminaram seriamente os rios e regatos da região, a ponto de provocarem a multiplicação de borrachudos de forma dramática.

"É também por isso que estamos incentivando a instalação do maior número possível de biodigestores em nossa região", enfatiza Zemiro Massoti.

Com base no que já vimos, podemos resumir nos seguintes itens a importância de uma política de implantação de biodigestores no Brasil, segundo avaliação de Normando Alves da Silva, da Embrapa:

"a) a geração de biogás e biofertilizante não compete pela posse da terra com as culturas alimentares e de exportação, como ocorre com a cana, sorgo, mandioca, oleaginosas etc.;

b) promove a fixação do homem no campo, oferecendo uma melhor qualidade de vida;

c) concorre para aumentar a produtividade agrícola e a renda do produtor, com a aplicação do biofertilizante;

d) reduz a demanda de fertilizantes derivados do petróleo;

e) favorece a capacitação e absorção da mão-de-obra rural, aumentando o nível de emprego e de bens nas áreas agrícolas;

f) descentraliza a energia, liberando o gás liquefeito de petróleo importado para as regiões urbanas;

g) procura atingir a auto-suficiência energética das empresas agrícolas;

h) caracteriza-se por ser uma energia explorada a baixo custo, com tecnologia simples;

i) concorre para recuperar o solo e despoluir o meio ambiente;

j) reduz o custo do transporte da energia do litoral para o interior do país;

- l) reduz o balanço de pagamento dos custos de petróleo, gás liquefeito de petróleo e fertilizantes".

Capítulo 3

MÃOS À OBRA: COMO CONSTRUIR UM BIODIGESTOR

ONDE INSTALAR

Ao decidir-se pela instalação de um biodigestor, a primeira medida que se deve tomar, seja qual for o modelo escolhido, é a determinação do local para construí-lo. Há algumas regras básicas que devem ser respeitadas, visando à economia e ao desempenho:

1) O biodigestor não deve ficar a mais de 30 metros da casa. Isto para encurtar os custos com a instalação da tubulação que conduzirá o gás a ser aproveitado. É óbvio que, caso o gás seja utilizado para o aquecimento de instalações onde são criados os pintinhos e leitões, deve-se levar em conta esta particularidade na escolha do local. É preferível, sempre, reduzir-se a distância de uma das fontes de utilização do gás, a partir do seguinte critério: se o biodigestor for utilizar também as instalações sanitárias da casa como biomassa, deve-se incluir no cálculo de custos os gastos necessários com a tubulação. No caso de se usar dejetos da lavagem das pocilgas, pode-se idealizar um sistema de drenos onde essa biomassa seja conduzida diretamente ao tanque de carga do biodigestor, reduzindo-se, assim, a mão-de-obra. Para isso, é conveniente que o biodigestor seja instalado em um pequeno declive com relação à pocilga. Inúmeras são as possibilidades para a escolha do local para a instalação, e devem partir das necessidades de cada produtor, das condições específicas da propriedade e, claro, da criatividade.

2) Como já vimos, o trabalho de biodigestão da matéria orgânica dentro do equipamento resulta da atividade das bactérias anaeróbias. Estas exigem, além do material para alimentá-las, certas condições ideais de operação. A

35

temperatura dentro do biodigestor deve ser mantida mais ou menos constante, em torno de 35°C. Caso ela abaixe ou oscile demasiadamente, poderá haver uma brusca diminuição na produção de gás. A menos de 15°C, a produção cessa completamente. Em regiões frias, costuma-se isolar o biodigestor das variações climáticas externas, envolvendo-o com lã de vidro, isopor ou outros produtos impermeabilizantes. Em nosso país, o simples fato de construí-lo no interior da terra já cumpre essa função. Como se sabe, ao trabalharem na biodigestão, as bactérias estão produzindo também o calor necessário para continuarem vivas. Daí que o importante é apenas impedir que as variações climáticas externas muito bruscas interfiram na temperatura interior. Deve-se evitar a construção do biodigestor em baixadas sujeitas a mudanças bruscas de temperatura. O biodigestor não deve ficar exposto, também, ao vento dominante. O ideal é que fique exposto ao sol na maior parte das horas do dia, para aproveitar ao máximo o calor.

3) Se o abastecimento de água for do poço, deve-se tomar os mesmos cuidados de quando se instalam na propriedade fossas comuns, para evitar a possível contaminação das águas pelo composto, em caso de escape da biomassa em fermentação. O biodigestor deve ser instalado, portanto, sempre à distância de mais de dois metros do poço e, de preferência, em local um pouco mais baixo.

PERÍODO DE FERMENTAÇÃO

Em geral, o período de digestão da matéria orgânica, dentro dos projetos expostos nas páginas seguintes, oscila entre 30 e 60 dias *(veja gráfico)*. O tempo de biodigestão é diretamente proporcional à temperatura, abordada no segundo tópico do item anterior. Quanto mais elevada a temperatura, mais curto será o ciclo. A quantidade de gás produzido é máxima entre 35°C e 45°C.

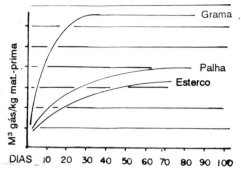

Figura 5

Adiante, quando discutirmos as dimensões do biodigestor, aprofundaremos a questão da temperatura nas diferentes regiões do país.

O QUE UTILIZAR NO BIODIGESTOR

Como já vimos, em linhas gerais, nos Capítulos 1 e 2, praticamente toda matéria de origem orgânica pode ser utilizada para produção de biogás e biofertilizante em um biodigestor. A única exceção é a madeira, que não deve ser colocada no biodigestor em hipótese alguma.

Substâncias fibrosas — como grama, palhas de qualquer natureza, folhas de vegetação fibrosa etc. — devem ser trituradas em pedaços de menos de 3 cm antes de serem lançadas na caixa de carga do biodigestor. Isso porque elas tendem a formar uma camada flutuante, que pode concentrar-se na superfície da mistura, inibindo e até suspendendo a produção de gás.

Dejetos humanos, de porcos e de gado não apresentam problema, e podem abastecer o biodigestor diretamente, após terem sido misturados em água. É aconselhável, na primeira carga do biodigestor, abastecê-lo apenas com esterco de gado. Este, quando é expelido pelos animais, já está carregado de bactérias anaeróbias, que formarão uma primeira colônia dentro do biodigestor. Para isso, é importante que o esterco não tenha passado por nenhum processo de compostagem. Quanto mais novo ele estiver, maior será a

37

quantidade de bactérias disponíveis. Urina de gado pode ser acrescentada. As instalações sanitárias da propriedade podem ser descarregadas diretamente no biodigestor. Com isso, elimina-se uma boa parte dos micróbios que provocam doenças e o acúmulo de moscas. No interior de um biodigestor, a vida tem um ciclo muito rápido. Os restos orgânicos se decompõem muito velozmente, de modo que outras formas de vida, como as moscas, não conseguem acompanhar este ritmo. Ovos que eventualmente as moscas pudessem depositar no composto morreriam antes de eclodir.

Restos de matéria orgânica verde também podem ser utilizados como biomassa no biodigestor, desde que se respeitem as especificações de tamanho relatadas anteriormente (menores que 3 cm).

De um modo geral, são esses os subprodutos de uma propriedade agrícola que devem servir de alimento ao biodigestor. Há casos de utilização de efluentes especiais para a produção de gás metano que fogem ao escopo deste livro. Um dos exemplos é o vinhoto da cana-de-açúcar. Já existem grandes empresas especializadas na produção de gás metano a partir do vinhoto. Nesses casos, foi constatado que a concentração de certos elementos, como o potássio solúvel e os compostos de enxofre, chega a inibir o crescimento das bactérias anaeróbias. Meios exces-sivamente ácidos também impedem a proliferação de tais bactérias. Assim, quando for o caso de se utilizar grandes quantidades de um tipo específico de matéria orgânica, da qual não tratamos nestas páginas, deve-se fazer uma consulta técnica prévia, para se avaliar cuidadosamente as condições bioquímicas de fermentação do produto.

COMO FAZER A MISTURA

O material orgânico deve ser sempre carregado na forma líquida, para que não haja bloqueio na produção de gás. A regra geral é que se misture a matéria sólida com igual proporção de água. Mas existem algumas porcentagens de mistura já amplamente analisadas e que podem ser observadas pelo produtor, garantindo um maior índice de produção, como se especifica a seguir:

Matéria orgânica	Proporção da mistura
Esterco de vaca fresco	1 litro de esterco para 1 litro de água
Esterco de vaca seco à superfície	1:2
Esterco de cavalo	1:1
Esterco de ovelha	1:3
Restos culturais verdes	de 1:0,5 a 1:2
Esterco de galinha	1:2
Esterco de porco	1:1
Esterco humano	1:1

COMO DEFINIR O TAMANHO DO BIODIGESTOR

O produtor deve definir as dimensões do biodigestor a ser construído com base, primeiro, em suas necessidades de produção de biogás e, segundo, na quantidade de biomassa disponível em sua propriedade. Os números apresentados a seguir foram quantificados pela Embrapa, baseados em pesquisas realizadas em diferentes condições do país. Eles são genéricos e, portanto, sujeitos a pequenas variações *(leia também o Apêndice)*:

BIOGÁS NECESSÁRIO PARA:
Cozinhar .... 250 litros por pessoa/dia
Iluminar .... 120 litros por lâmpada/hora
Acionar motores .... 450 litros por HP/hora
PORTANTO:
Cozinhar para 5 pessoas .... 250 x 5 =   1.250 litros
4 lâmpadas durante 3 horas ....120 x 4 x 3 =1.440 litros

TOTAL DIÁRIO .... 2.690 LITROS

As tabelas que constam deste livro utilizam a indicação em metros cúbicos (m^3), em vez de litros. Para fazer a conversão, basta proceder da seguinte maneira, pulando a vírgula duas casas:

250 l =0,25 m³
120 l =0,12 m³
450 l =0,45 m³

No sentido inverso a conversão é feita:
32 m³ =320 l etc.

OUTRAS UTILIZAÇÕES

USO	FONTES DE CONSUMO	CONSUMO
Cocção	Queimador com 5 cm	0,32m³/hora (ou 320 litros)
Cocção	Queimador com 10 cm	0,46m³/hora (ou 460 litros)
Cocção	Queimador com 15 cm	0,63m³/hora
Cocção	Por pessoa	0,33 a 0,42m³/hora
Aquecimento	A 100ºC	0,074m³/litro
Iluminação	Lâmpada de camisinha	0,07 a 0,08m³/hora
Refrigeração	Queimador	0,0012m³/l do vol. do refrig./hora
Incubador	Queimador	0,49 a 0,71m³/m³ do espaço do incubador por hora
Potência ao freio	motor de combustão interna	0,45m³/HP/hora

Fonte: Embrater.

Para quantificar o volume de biomassa disponível, apresentamos uma relação-guia:

TIPO	PRODUÇÃO DIÁRIA	QUANTIDADE DE GÁS
Bovino	10 kg	36 l por kg
Búfalo	15 kg	36 l por kg
Porco (50 kg)	2,25 kg	78 l por kg
Galinha (2,5 kg)	0,18 kg	62 l por kg
Home	0,4 kg	28 l por kg

Para se calcular a quantidade de biogás produzido por cada unidade ao dia, basta multiplicar o número da primeira coluna pelo da seguinte. Assim:

Bovino...	36 x 10 = 360 l/dia
Porco..	2,25 x 78 = 180 l/dia
Homem..	0,4 x 70 = 28 litros
Galinha...	0,18 x 62 = 11,2 litros

Também como guia, sujeito a algumas variáveis dependendo do tipo de substância utilizada, leva-se em conta que 1 kg de resíduo seco de matérias vegetais produz cerca de 350 litros de biogás/dia.

Tendo em mente essas cifras, o produtor deve construir uma tabela, a exemplo do modelo apresentado pela Embrapa e que reproduzimos a seguir, para quantificar as possibilidades de produção, as necessidades de sua propriedade e as dimensões do biodigestor:

GUIA

Bovinos....... x 10 kg/dia =..... kg/dia x 36 l =..... m³/dia
Búfalos....... x 15 kg/dia =..... kg/dia x 36 l =..... m³/dia
Vitelas....... x 5 kg/dia =..... kg/dia x 36 l =..... m³/dia
Porco (50 kg)x 2 kg/dia =....... kg/dia x 78 l =..... m³/dia
Cavalos....... x 10 kg/dia =..... kg/dia x 35 l =..... m³/dia
Ovelhas....... x 2 kg/dia =....... kg/dia x 50 l =..... m³/dia
Galinhas..... x 0,18 kg/dia =.. kg/dia x 62 l =..... m³/dia
Humano...... x 0,4 kg/dia =.... kg/dia x 70 l =..... m³/dia
Palhas...................... kg/dia x 200 l =.... m³/dia
Esterco disponível/dia........... kg/dia
Gás produzido por dia.......... m³/dia

Obs.: O cálculo pode ser feito, simplesmente, multiplicando-se o número de cabeças pela quantidade de gás produzido por cabeça; entretanto, para calcular o volume do biodigestor, é necessário conhecer a carga diária em kg.

Após quantificar tais cifras, o produtor deve responder às seguintes perguntas: a capacidade de produção satisfaz às suas necessidades? O consumo de gás é igual ao potencial de produção? É maior ou menor que o necessário? Caso as respostas não sejam satisfatórias, o produtor poderá optar por: comprar matéria orgânica de propriedades vizinhas (convém lembrar que, após passar pelo biodigestor, essa matéria orgânica poderá ser vendida a melhores preços como biofertilizante); diminuir o consumo de gás; aumentar o tamanho do biodigestor.

É importante que essas respostas levem em conta uma projeção de desenvolvimento da propriedade ao longo dos próximos cinco anos, pelo menos. Assim, de acordo com os planos de expansão do rebanho, da família etc., o produtor deverá pensar em um biodigestor que acompanhe as necessidades programadas. É mais oportuna a subutilização do equipamento por um curto período, quando ele trabalhará apenas com parte de sua capacidade instalada, do que ter de construir um outro, num prazo reduzido, para acompanhar o crescimento das iniciativas do produtor.

TEMPERATURA NA DEFINIÇÃO DO TAMANHO

Como já vimos, a temperatura é fator decisivo no processo de fermentação do biodigestor, influenciando o volume de produção mensal de gás e biofertilizante. De um modo geral, nas diferentes regiões do Brasil, o esterco de gado tem um ciclo de fermentação que pode ser definido pelo seguintes números:

— Amazônia, Nordeste, Bahia e Espírito Santo (junto à costa): 30 a 40 dias.

— Zona Central de Cerrados, Mato Grosso e Rondônia: 40 a 60 dias.

— São Paulo, Paraná, Santa Catarina e Rio Grande do Sul (durante o inverno): 60 a 90 dias. Durante o verão, nestas regiões, o tempo é de 40 a 60 dias.

O gráfico a seguir dá uma idéia da relação existente entre temperatura, número de semanas e quantidade de gás, em metros cúbicos, produzido em diferentes condições climáticas, tendo por base o esterco bovino:

42

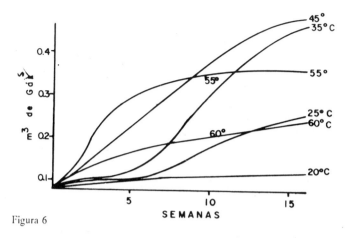

Figura 6

Diante desses dados, nota-se que o tamanho do biodigestor deve ser definido levando-se em conta o volume da carga diária e o período de fermentação em dias, para as condições climáticas de cada região. Multiplicando-se essas duas variáveis, têm-se as dimensões adequadas do biodigestor para cada propriedade.

Por exemplo: se o produtor tem 80 litros de biomassa para carregar por dia e o período de fermentação na sua região gira em torno de 50 dias, deve multiplicar 80 x 50 = 4.000 litros, o que equivale à capacidade de seu biodigestor.

Levando-se em conta os números mencionados no tópico sobre *biomassa*, admitimos que o peso da matéria orgânica contido nesses 4.000 litros gira em torno de uma tonelada. Uma tonelada de matéria orgânica, à temperatura de 35°C, num período de fermentação de 50 dias, produzirá 180 mil litros de biogás, o que equivale a 3.600 litros diários de gás. Isso corresponde, ainda, a 180 m^3 ou 3,6 m^3 diários.

QUESTIONÁRIO DE ESCOLHA DO TIPO DE BIODIGESTOR

Na Circular Técnica nº 4, publicada pelo Centro de Pesquisa Agropecuária dos Cerrados, da Embrapa, em janeiro de 1981, os engenheiros Jorge Seixas, Sérgio Folle e Delmar

Marchetti apresentaram um questionário completo, a ser respondido pelo produtor para definir-se pelo modelo indiano ou chinês de biodigestor. Este questionário praticamente esgota as possíveis dúvidas, razão pela qual o apresentamos, a seguir, na íntegra:

Condições a serem satisfeitas na instalação do biodigestor (coloque um "X" no espaço em branco, se a resposta para cada uma das perguntas for SIM):

Existe suficiente matéria orgânica disponível?.... ☐
O digestor tem menos de 20 m³?...................... ☐
Existem os materiais de construção?................. ☐
Tem água suficiente para diluir o material?........ ☐
Você tem conhecimento técnico suficiente?........ ☐
Pode dispor de assistência técnica?.................. ☐
Tem financiamento disponível?......................... ☐
Existem acessórios disponíveis (queimadores, lampiões)?... ☐
A matéria orgânica é digerível?........................ ☐
Tem a mão-de-obra indispensável?................... ☐

Se todas estas perguntas tiverem respostas positivas, o produtor tem as condições ideais para construir um biodigestor em sua propriedade. Caso a segunda resposta seja negativa, convém considerar a possibilidade de outros sistemas mecânicos. Se o tamanho necessário for muito acima dos 20 m³, não se deve construir o biodigestor sem uma consulta técnica prévia ao sistema de extensão mais próximo.

Após isso, deve-se aplicar o questionário seguinte, para definir qual o melhor tipo de biodigestor a ser instalado:

	CHINÊS	INDIANO
TEMPERATURA		
A temperatura prevista de funcionamento é superior a 15°C?	X	
Os invernos são frios?		
MATERIAIS DE CONSTRUÇÃO		
Pode obter chapa de ferro e encontrar quem faça a campânula?		X

44

Tem cimento e/ou cal disponível? X   X
Tem alguém que saiba assentar tijolos em curva?   X
Pode obter os materiais selantes necessários?   X
Será possível pintar anualmente a campânula?   X

MATÉRIA ORGÂNICA

A matéria orgânica será principalmente restos de
cultura? X
Será possível usar principalmente esterco?   X

OUTRAS QUESTÕES

Qual o tipo que você se sente capaz de montar? ..
Qual o tipo que lhe custará menos? ....

TOTAL .... CHINÊS _____ INDIANO _____

Será fácil fazer, então, uma avaliação do questionário:

— Não construa o modelo a não ser que as perguntas marcadas com X sejam plenamente satisfeitas;

— O tipo com maior número de respostas positivas é o mais conveniente. Apesar disso, examine bem o problema, com antecedência.

UMA ADVERTÊNCIA

Antes de passarmos às plantas de construção de biodigestores, algumas advertências finais devem ser feitas para o bom desempenho do equipamento:

— A mistura de biomassa com água precisa ser agitada antes de ser colocada na caixa de carga do biodigestor, para se obter uma boa produção de gás. A agitação é importante para evitar a formação de uma camada flutuante, que truncará completamente a produção de gás.

— Deve-se evitar o excesso de matéria orgânica, para não sobrecarregar o sistema; sabão, ácidos e outros produtos químicos podem matar as bactérias, diminuindo ou cessando completamente a produção de gás.

CONSTRUINDO UM BIODIGESTOR INDIANO

Apresentamos a seguir uma lista de materiais necessários para a construção de biodigestores modelo indiano de duas dimensões. Essa lista serve de guia para o produtor, mas deve ser modificada de acordo com a definição das dimensões do equipamento que cada um decidir construir *(leia o Apêndice)*.

BIODIGESTOR DE 10,8 m³
(Capacidade de produção diária de 4 a 6,7 m³)

1) Materiais necessários para a construção do poço e para os tanques de carga e descarga:
— Tijolos ou blocos (10 x 15 x 23 cm) 8.000
— Areia lavada .... 3,6 m³
— Brita .... 0,95 m³
— Cimento .... 23 sacos
— Tubos de 100 mm de diâmetro 9,5

2) Materiais necessários para a construção da guia central da campânula:
— Cantoneira .... 12,7 m
— Tubos de 50 mm de diâmetro .... 1,85 m
— Chapa de aço .... 0,5 m²
— Pequenos componentes (parafusos, porcas etc.)

3) Materiais necessários para a construção da campânula:
— Cantoneira .... 21 m
— Tubos de 65 mm de diâmetro .... 1,25 m
— Ferro chato .... 4,3 m
— Chapa de 2,5 mm de espessura .... 8,25 m
— Chapa de qualquer espessura .... 0,5 m²
— Tinta anticorrosiva .... 25 kg

4) Acessórios para tubos (uniões, registros etc.) e tubo plástico de ligação com os queimadores.
— Tinta plástica anticorrosiva .... 25 kg

BIODIGESTOR DE 20,3 m³ [a seguir]
(Capacidade de produção diária de 8 a 12,6m³)

46

1) Materiais necessários para a construção do poço e dos tanques de carga e descarga:
— Tijolos ou blocos (10 x 15 x 23 cm) 9.600
— Areia lavada ....5 m³
— Brita ....1,4 m³
— Cimento ....33 sacos
— Tubos de 100 mm de diâmetro .... 10,5 m

2) Materiais necessários para a construção da guia central da campânula:
— Cantoneira ....15 m
— Tubos de 50 mm de diâmetro .... 2,15 m
— Chapa de 2,5 mm de espessura.....................0,5 m²

3) Materiais necessários para a construção da campânula:
— Cantoneira ....36 m
— Tubos de 65 mm de diâmetro.......................1,45 m
— Ferro chato ....4,05 m
— Chapa de 2,5 mm de espessura................... 11,25 m²
— Chapa de qualquer espessura........................0,5 m²

4) Acessórios para tubos (uniões, registros etc.) e tubo plástico de ligação com os queimadores.
— Tinta anticorrosiva .... 30 kg

O poço pode utilizar pedras no lugar de blocos e tijolos, caso elas existam em abundância na propriedade. Isso propiciará maior economia.

DOZE PASSOS PARA A CONSTRUÇÃO

A racionalização do trabalho de construção do biodigestor deve seguir os doze passos seguintes, indicados pelos técnicos.

1) Escolha do local e, ao mesmo tempo, encomenda da campânula e da cruzeta junto a um serralheiro, se não houver a possibilidade de adquirir esse material já pronto. No caso de se utilizarem pedras no lugar de blocos ou tijolos para a construção do poço, estas devem começar a ser recolhidas, assim que se iniciarem os trabalhos;

2) abertura do poço;
3) construção do fundo do poço;
4) construção das paredes do poço;
5) construção da parede divisória;
6) colocação do eixo-guia;
7) construção da coroa;
8) aplicação do reboco de impermeabilização;
9) instalação das caixas;
10) carregamento inicial;
11) colocação da campânula;
12) instalação das mangueiras para a condução de gás.

Apresentaremos, ainda, um detalhamento das fases a serem seguidas e, ao final, duas plantas que podem ser utilizadas para a construção dos biodigestores, com as medidas especificadas segundo orientação do CPAC, da Embrapa.

Abertura do poço — Marcar as dimensões do poço e iniciar a escavação. As paredes devem ser bem verticais; o fundo, horizontal. Durante todo o processo, devem-se observar os cuidados necessários à escavação de um poço comum, ou seja, protegendo-se as paredes para evitar qualquer desabamento, em caso de se trabalhar em solo pouco firme.

Figura 7

Construção do fundo do poço — Antes de iniciar a concretagem do fundo, é conveniente forrá-lo com um plástico grosso. Depois disso, faz-se o concreto numa consistência firme, com brita de até 30 mm, areia lavada e cimento na proporção de 6:3:1. Este fundo deve ser bem compactado, para se evitar a formação de bolhas de ar. Marcar no fundo os limites da parede a ser erguida.

Construção das paredes — Os tijolos, ou pedras, a serem utilizados na construção das paredes internas devem ser mergulhados em água, antes de serem assentados. A proporção de cimento e areia será definida pela quantidade de areia, tomando-se por base a proporção normal, de uma parte de cimento para seis de areia. Se houver utilização de cal, cimento e areia, a proporção será de 1:1:12. É importante que a superfície superior da primeira camada de tijolos, ou pedras, fique horizontal, fornecendo uma base plana para o erguimento das camadas sucessivas. Conforme a parede vai subindo, já se deixam os tubos de carga e descarga embutidos. O espaço existente entre a parede de tijolos, ou pedras, e as bordas de terra do poço deve ser preenchido com terra. A cada novo dia de trabalho, após erguer uma parte da parede, e antes de iniciar a nova etapa, o vão deve ser preenchido com terra e bem compactado, deixando a parede com consistência firme. Então é só limpar a superfície dos tijolos e iniciar a colocação de nova camada.

Figura 8

49

Construção da parede divisória — Quando a parede de tijolos atingir a altura da plataforma saliente, a partir da qual se situa a câmara de gás, deve-se iniciar a construção da parede divisória. Esta deve dividir o poço em duas câmaras exatamente iguais. A esta altura, já se podem acertar os tubos de carga e descarga. O fim do tubo de carga deve ficar, aproximadamente, 50 cm acima do tubo de descarga.

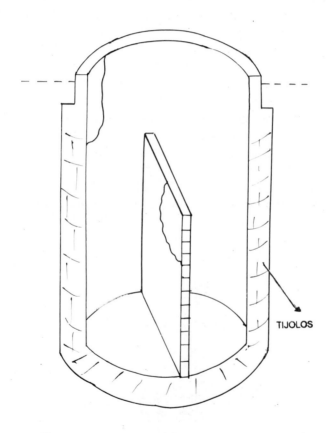

Figura 9

Colocação do eixo-guia — O eixo-guia da campânula já pode ser montado sobre a parede divisória. Ele deve ficar bem no meio da parede, o que corresponde exatamente ao centro do poço. É preciso certificar-se de que ele está numa posição bem horizontal, utilizando-se, para isso, um fio de prumo.

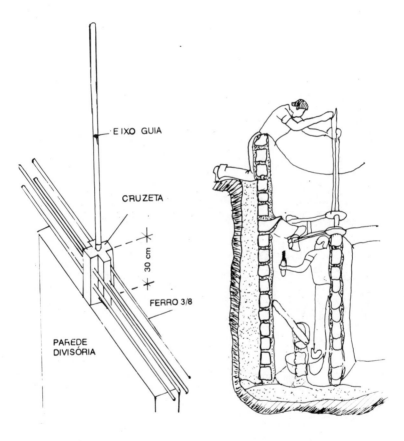

Figura 10

Construção da coroa — A coroa é uma armação de pedaços de ferro 3/8, chumbados na parede a intervalos regulares de 50 cm. Em cima desta armação e em toda a volta do poço, devem correr duas barras de ferro 4.2 ou dois fios de arame farpado. Em cima desta armação, assentam-se tijolos (podem-se utilizar, também, telhas). A função dessa coroa é impedir a entrada de oxigênio dentro do poço de biodigestão, o que inibiria o trabalho das bactérias anaeróbias.

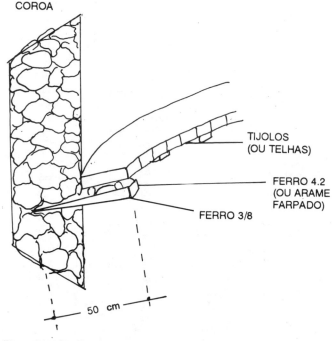

Figura 11

Acabamento das paredes — O acabamento das paredes se constitui na aplicação do reboco de impermeabilização. Esse reboco deve ser muito bem aplicado, feito na proporção cimento/areia de 3:1. Serão aplicadas duas camadas, arredondando os vértices e os cantos. Um cuidado especial deve ser dado ao fundo do poço. Esse reboco tem a importante função de evitar a infiltração de água no interior do poço, que poderia ocasionar problemas na fermentação.

Na ocasião da aplicação do reboco, deve-se dar acabamento também às superfícies metálicas expostas. A guia da campânula e seu suporte devem ser pintados, cuidadosamente, com a tinta anticorrosiva. Qualquer outra superfície de ferro que ficar exposta deve receber o mesmo tratamento ou ser pintada com piche, para se evitar a corrosão.

Construção das caixas — As caixas de entrada e saída devem ser construídas perpendicularmente ao poço, tendo ao centro os tubos de carga e descarga já instalados. O fundo da caixa de carga deve ficar rente ao solo, e o fundo da de saída precisa ser enterrado cerca de 20 cm abaixo da superfície. Após a montagem, devem se rebocadas com os mesmos cuidados observados no reboco interno do poço.

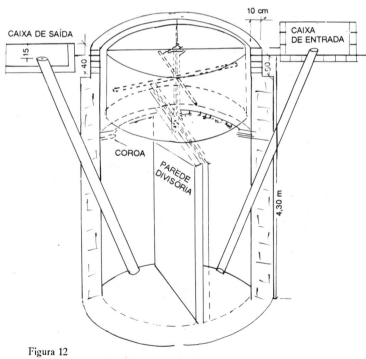

Figura 12

Carregamento inicial — O biodigestor já está pronto. Agora é chegada a hora de fazer o primeiro carregamento, para que a biomassa comece a fermentar, antes de instalar a campânula. O ideal é que esse primeiro carregamento seja feito inteiramente à base de esterco bovino. Mas podem-se utilizar, também, outros materiais existentes na fazenda e que vão compor a biomassa regular. Depois de feita a papa nas proporções indicadas anteriormente, enchem-se as duas câmaras do tanque. Quando a matéria surgir na ponta dos canos de carga e descarga, deve-se parar de encher.

Colocação da campânula — Enquanto todo o trabalho de construção do biodigestor foi sendo realizado, a campânula deve ter sido construída em uma oficina de funilaria. Aqui é bom lembrar os pontos que são importantes na construção da campânula, a "alma" do biodigestor modelo indiano:
— a seção tem de ser perfeitamente circular;
— o alojamento da guia deve ser exatamente perpendicular ao plano da base;
— a chapa deve ter, pelo menos, 2 mm de espessura;
— a solda deve ser estanque e cuidadosamente realizada.

CAMPÂNULA

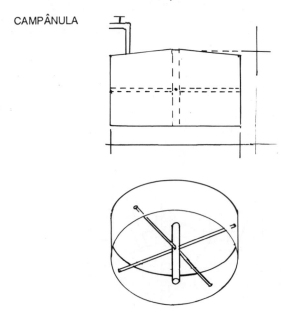

Figura 13

Como se vê na *figura 13*, a campânula é cilíndrica. A altura do cilindro deve ser igual à medida do diâmetro. A tampa da campânula é ligeiramente cônica. Para construí-la, procede-se da seguinte maneira:

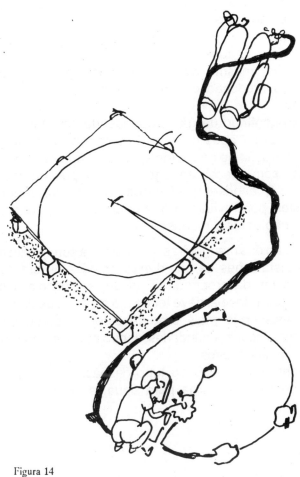

Figura 14

— traça-se um círculo com 1,5 cm a mais de raio do que o do cilindro;

— marca-se o comprimento de 9,5 cm na circunferência a ser traçada;

— corta-se a cunha resultante até o centro;

— soldam-se as duas bordas.

Depois disso, solda-se a tampa ao cilindro previamente construído e monta-se o registro de saída do gás. Aplica-se tinta anticorrosiva em todo o interior e exterior da campânula. Agora, a campânula já pode ser instalada. Para isso, é só colocar bastante graxa no eixo-guia e instalar sobre ele a campânula.

A princípio, a torneira do registro de gás deve ficar fechada. Se, mesmo assim, a campânula descer após iniciar-se a produção de gás, é sinal de que há algum vazamento.

O fluxo contínuo de gás, dependendo da temperatura, deverá começar após duas ou três semanas. Assim que houver produção de gás, é indispensável que se tome todo o cuidado com relação ao fogo e cigarro, pois há risco de explosão. É aconselhável cercar a área ao redor do biodigestor, para evitar a entrada de animais, crianças e pessoas não aptas a manuseá-lo.

Instalação das mangueiras — Os tubos a serem utilizados para as instalações de gás dentro da casa ou em outras dependências da propriedade podem ser de plástico ou metal. O tubo principal deve ter de 2,5 a 5,0 cm de diâmetro. Quanto mais longo, mais largo deve ser o tubo-guia. Para fazer as instalações secundárias, dentro de casa, empregam-se tubos mais estreitos.

No ponto mais baixo do tubo de gás, aconselha-se a instalação de uma purga para água, a qual tende a se acumular.

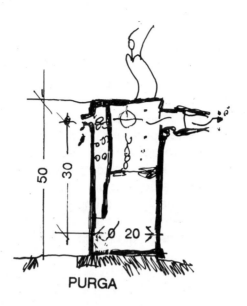

PURGA

Figura 15

Quando todo o sistema estiver montado, com os tubos cheios de gás, deve-se ter sempre em mente que é indispensável tomar o máximo cuidado. Há riscos de explosão.

POSSÍVEIS PROBLEMAS

No início do funcionamento, o problema mais comum que ocorre é o fato de a campânula não subir. Se o teste previamente feito da campânula não tiver mostrado vazamentos nas soldas, este problema pode ocorrer por:
— torneira aberta;
— gás escapando nos tubos ou na purga;
— problemas na atividade das bactérias. Neste caso, a biomassa deve ser agitada ou, então, é bom acrescentar uma mistura de esterco já ativa ao tanque.

Depois que o biodigestor estiver funcionando por longos períodos, podem surgir outros tipos de problemas:

1) Falta de gás: pode ocorrer devido à entrada de produtos químicos ou sabão em excesso na mistura. Se a causa

for esta, é só deixar o biodigestor em funcionamento por duas semanas, cuidando-se para que não haja novas descargas de produtos químicos na entrada da biomassa. Se nesse período não houver retomada da produção, deve-se esvaziar os tanques e reiniciar-se todo o processo.

Durante invernos mais rigorosos, a falta de gás pode se dar por queda de temperatura no biodigestor. Caso isso ocorra, convém colocar uma proteção térmica no equipamento, aquecer um pouco a carga diária antes de lançá-la no tanque e adicionar urina de animais à mistura.

A existência de uma camada impermeável na superfície do biodigestor também provoca a suspensão da emissão de gás. Neste caso, deve-se girar a campânula, como mostra a figura 16.

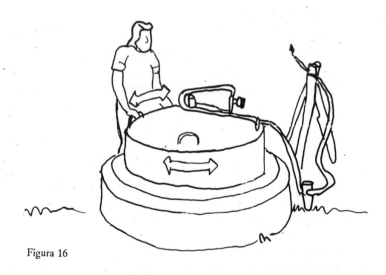

Figura 16

Excesso de acidez na mistura pode ocasionar a diminuição da atividade das bactérias anaeróbias. Quando isso ocorre, sente-se um cheiro forte e ácido nos tanques. A solução é suspender o carregamento e juntar uma mistura de água e cal, até se restabelecer a produção.

2) Consumo excessivo: o excesso de consumo pode se dar por perda de gás em algum lugar dos tubos; por falta de regulagem no parafuso de saída; ou por dispersão de calor, quando o bico estiver em local muito aberto e sujeito às correntes de vento.

3) Chama irregular: pode ocorrer por entupimento do cano pela água (neste caso, deve-se verificar o funcionamento da purga); queimador sujo (basta uma limpeza); ou vento incidindo nas chamas (é preciso protegê-las).

A MANUTENÇÃO

No dia-a-dia, a principal medida de manutenção se refere aos cuidados com o carregamento. Além de observar as proporções certas da mistura, deve-se lançá-la na caixa de carregamento na hora mais quente do dia. Logo após abastecer o biodigestor, movimenta-se a campânula para se quebrar qualquer camada sólida que se tenha formado na superfície.

De tempos em tempos, é conveniente verificar toda a extensão dos tubos que estejam à superfície, com sabão, para certificar-se de que não há nenhum vazamento. Caso se localize algum, deve-se consertá-lo imediatamente. O vazamento não só representa desperdício de gás, como também oferece risco de explosões.

Pelo menos uma vez por ano, a campânula deve ser pintada. Nessa ocasião, é só deixar a pressão do gás subir completamente a campânula e pintá-la. A instalação de prendedores do lado de fora da campânula, durante sua fabricação, permite que ela seja firmada com paus, na ocasião da pintura, como mostra a figura 17.

Figura 17

Semanalmente, deve-se proceder à descarga da água da purga.

PLANTAS DETALHADAS

Apresentamos, a seguir, as plantas detalhadas para a construção de dois biodigestores modelo indiano, o primeiro com volume de 10,8 m^3 e o outro com volume para 20,3 m^3:

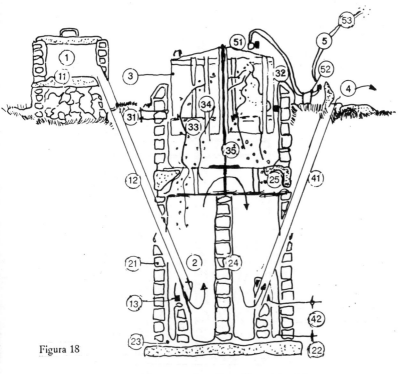

Figura 18

- 1 Caixa de carga e mistura, relação material/água 1:1 a 1:3
  - 11 Inclinação no fundo para evitar a entrada de terra para o digestor
  - 12 Tubo de carga, pelo menos 10 cm de ∅
  - 13 Extremo do tubo cortado em vertical para evitar perdas de gás
- 2 Poço do digestor, mais ou menos 50 vezes a carga disponível diária
  - 21 Paredes de tijolo
  - 22 Fundo de concreto
  - 23 Cobertura de cimento, sem vazamento, todos os cantos arredondados
  - 24 Parede divisória - evita a saída direta de carga diária
  - 25 Plataforma prolongada para o interior - evitaa o escape de gás junto á parede
- 3 Campânula de gás com pintura anti-corrosiva
  - 31 A diferença de níveis de água indica a pressão do gás
  - 32 As paredes da campânula são particularmente sujeitas à corrosão
  - 33 A espuma e a camada flutuante se formam aqui
  - 34 Puas cruzadas (girando a campânula desfaz-se a camada flutuante,
  - 35 Ferro-guia - evita que a campânula entorte
- 4 Saída - controla a altura de água dentro do digestor
  - 41 Tubo de saída, pelo menos de 10 cm ∅
  - 42 Tubo de saída começando a cerca de 50-80cm acima do fundo
- 5 Tubo de gás, de plástico ou de borracha, para permitir a rotação da campânula.
  - 51 Saída de gás
  - 52 Força para água no ponto mais baixo do depósito de gás
  - 53 Tubo para o lugar de consumo

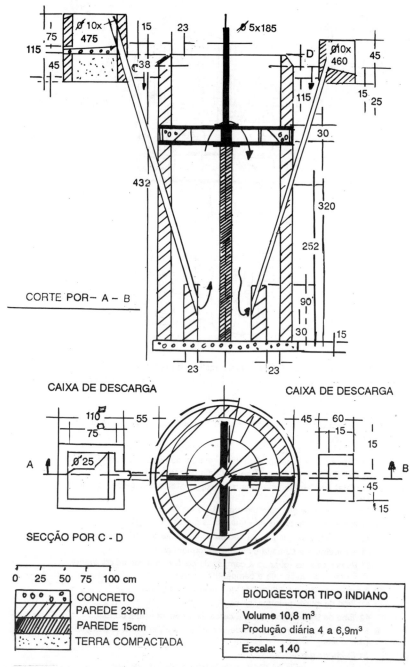

Figura 19

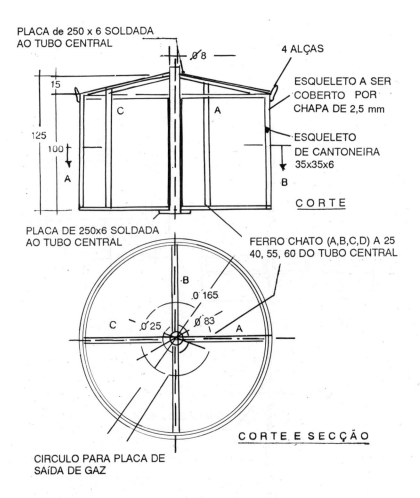

Figura 20

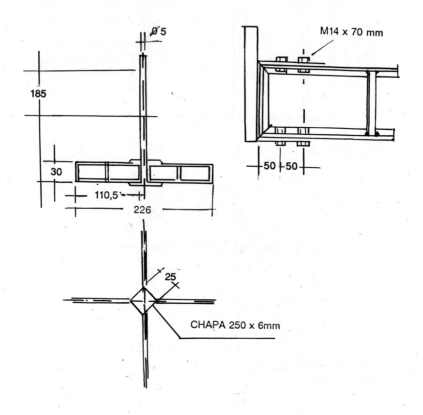

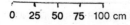

Figura 21

BIODIGESTOR TIPO INDIANO
SUPORTE DE GUIA DE CAMPANULA :m³ PARA DIGESTOR DE 10.8
ESCALA 1:40

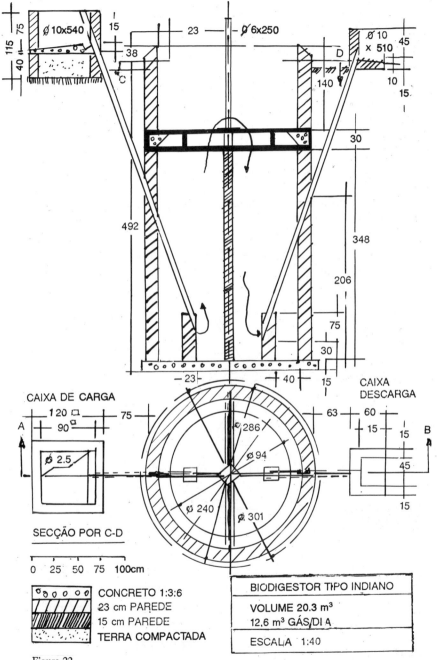

Figura 22

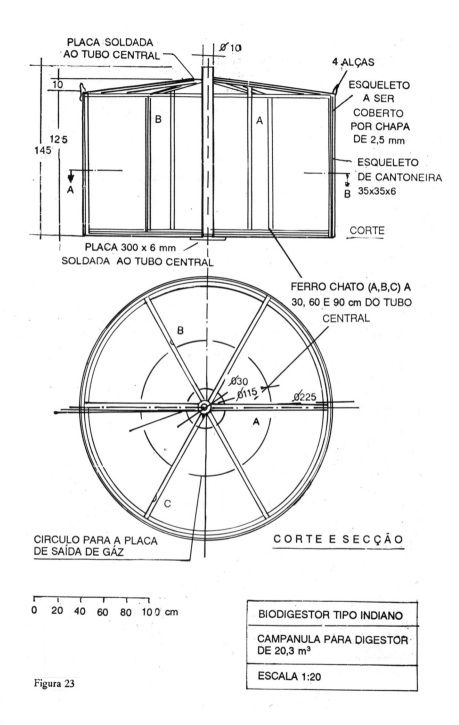

Figura 23

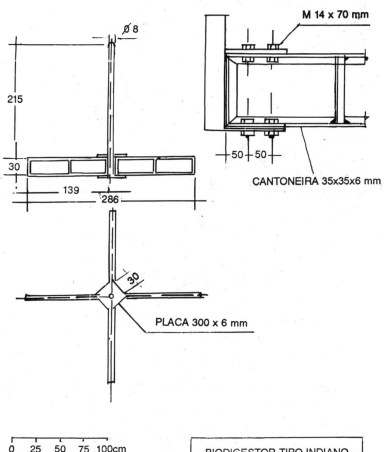

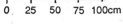

Figura 24

BIODIGESTOR TIPO INDIANO
SUPORTE DE GUIA DE CAMPANULA PARA BIODIGESTOR DE 20.3 m³
ESCALA: 1:40

CONSTRUINDO UM BIODIGESTOR CHINÊS

Há uma variedade de modelos de biodigestores chineses, construídos a partir das condições tecnológicas, climáticas, de disponibilidade de biomassa etc. das diferentes regiões da China. Para exemplificar, detalhamos a seguir alguns desses modelos:

Tipo esférico — É o modelo em que ocorre a menor perda de calor, uma vez que a esfera é o corpo geométrico que apresenta menor superfície externa para um determinado volume. O inconveniente é que exige uma técnica apurada de construção, pela dificuldade em se fazer uma esfera perfeita com tijolos ou blocos de concreto.

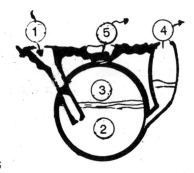

Figura 25

Tipo esférico: 1) carga; 2) digestor; 3) câmara de gás; 4) descarga; 5) tubo de gás.

Tipo de construção com lajes — Neste modelo, abóbada e poço são construídos com concreto pré-moldado ou com lajes de pedra.

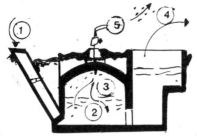

Figura 26

Tipo tanque com água — Modelo de construção muito simples, não apresenta curvas e exige escavação menos profunda. Trata-se de um tanque horizontal, retangular, feito de tijolos e com uma tampa de concreto.

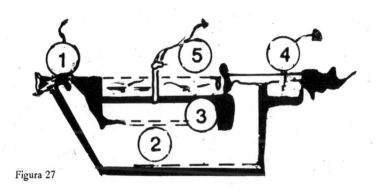

Figura 27

Oval com cimento pastoso — É um dos modelos que exigem maior habilidade técnica para ser construído, a partir da escavação do poço, que precisa ser realizada com muita precisão. Só pode ser instalado, ainda, em solos muito firmes. Em compensação, oferece a vantagem de utilizar pouquíssimo material e ser muito eficiente. Após a escavação, são feitos vários furos na terra, e o cimento é aplicado diretamente na superfície interna do poço.

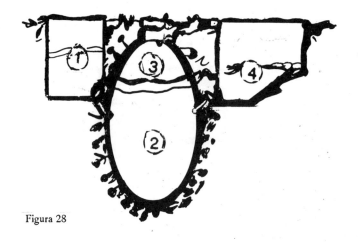

Figura 28

EXPERIÊNCIA EMBRATER/EMATER-DF

Por razões de ordem prática, apresentaremos neste livro o detalhamento técnico do biodigestor (modelo chinês) conforme foi concebido e descrito pelos técnicos da Embrater e da Emater-DF. Esse modelo foi construído em 1979, na Feira Permanente de Animais, na Granja do Torto, em Brasília, servindo como protótipo experimental para o então recém-criado Projeto de Difusão e Instalação de Biodigestores no Meio Rural. Embora a forma descritiva aqui empregada seja um pouco mais técnica do que a utilizada no tópico *Construindo um biodigestor indiano,* exige apenas alguns cálculos simples, que podem ser facilmente realizados pelo produtor rural com o auxílio de uma calculadora comum.

Como construir — A tabela seguinte oferece quatro opções de tamanho para o biodigestor, considerando sua capacidade de carga. Para estudá-la e escolher o tamanho ideal a ser instalado em sua propriedade, o produtor deve utilizar os dados da ilustração-guia, que vêm depois da tabela, e as constantes numéricas ali especificadas.

TABELA PARA O BIODIGESTOR

VOLUME M³		MEDIDAS DIGESTOR EM CM						
TOTAL	BIOGÁS	L	r	H	R1	h	h1	R2	h2
7,60	3,5	660	120	210	255	30	120	150	60
9,84	5,5	680	130	230	266	32	130	160	70
12,46	6,8	700	140	250	296	35	140	170	90
14,80	7,8	720	150	270	321	37	150	180	90
19,01	10,2	740	160	290	346	40	160	190	100

L = Comprimento externo
r = Raio interno do cilindro
H = Profundidade da escavação
R1 = Raio de formação da calota inferior
h = Altura da calota inferior
h1 = Altura do cilindro
R2 = Raio de formação da cúpula
h2 = Altura da câmara de gás (gasômetro)

PRINCIPAIS MEDIDAS PARA DIMENSIONAR DIGESTOR CHINÊS, SEGUNDO A CAPACIDADE TOTAL E VOLUME DE CARGA.

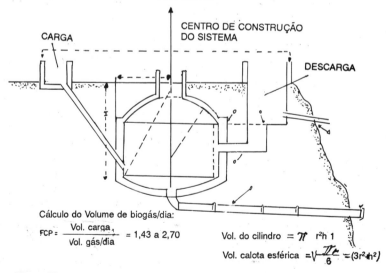

Cálculo do Volume de biogás/dia:

$FCP = \dfrac{Vol. \ carga}{Vol. \ gás/dia} = 1,43 \ a \ 2,70$

Vol. do cilindro $= \pi \ r^2 h \ 1$

Vol. calota esférica $= \sqrt{\dfrac{\pi}{6}} = (3r^2 + h^2)$

Figura 29

Pontos-chave da construção:
a e a₁ = Níveis de equilíbrio da mistura (gás com pressão 30-40 cm).
b = Túnel de comunicação de 20 x 20 cm exatos.
c = Centro de construção (cano ou poste só retirado no final da construção).
d = Declive para descarga automática do efluente e de resíduos (opcional, somente em caso de grande declividade).

Escolha do local — Devem-se utilizar os mesmos critérios já discutidos no tópico sobre escolha do terreno para a construção do biodigestor modelo indiano. Como as características da caixa de descarga do modelo chinês aqui apresentado diferem um pouco das do modelo indiano, convém escolher um terreno com pequeno declive, como se vê no desenho, para evitar a utilização de bombas manuais ou o esforço de empregar vasilhames para realizar a descarga. Após a escolha, demarca-se o terreno, segundo modelo-padrão a seguir:

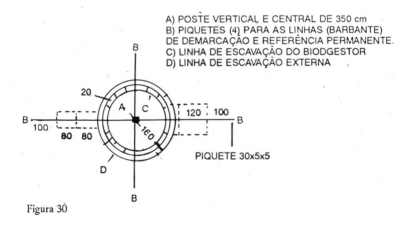

Figura 30

Escavação do terreno — Antes de se iniciar a escavação, aconselha-se a colocação de um cano ou poste no centro da construção do sistema. Esse cano deverá ser perpendicular ao nível do terreno, e só será retirado quando toda a construção estiver concluída.

ESCAVAÇÃO DO TERRENO

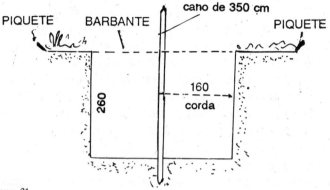

Figura 31

Construção da calota inferior — Para escavar a calota inferior no terreno, deve-se tomar por base a medida *R1* da tabela, que resultará na altura da calota *h*, conforme se pode ver na ilustração-guia do biodigestor chinês, apresentado anteriormente. A utilização de uma corda facilita a demarcação da curvatura do piso.

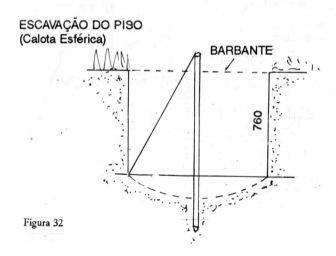

Figura 32

Material utilizado — É muito importante utilizar tijolos de boa qualidade, bom acabamento e cozimento, na construção do biodigestor. Na parede do cilindro, emprega-se tijolo maciço inteiro (20 cm) e meio tijolo maciço (10 cm) na cúpula. Acima da base de concreto, a construção do cilindro deverá ser feita de tijolo inteiro, encostado no corte do terreno, sem acabamento. A construção circular terá por raio a medida *r* da tabela-guia, e seu ponto de apoio será o cano central da construção. A altura será *h 1* *(ver tabela-guia)*.

Os passos da construção — Nas duas ilustrações seguintes estão especificados os detalhes da construção. Na primeira figura, após a escavação e construção do fosso (que deve seguir especificações já fornecidas no capítulo *Construindo um biodigestor indiano*), vê-se o corte mostrando a escavação para construção das caixas de carga e descarga. O piso da caixa de carga deverá ter um declive, a fim de evitar a entrada de pedrinhas no interior do digestor. As caixas de carga e descarga não precisam ser revestidas externamente.

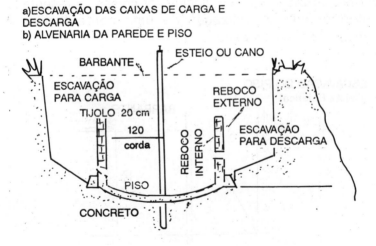

Figura 33

CONSTRUÇÃO DAS CAIXAS DE CARGA E DESCARGA

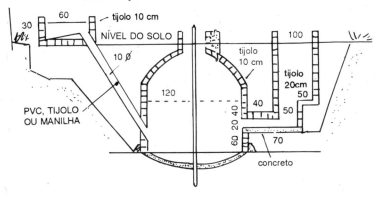

Figura 34

A ligação da caixa de carga com a parte inferior do digestor deve ser feita com manilhas de barro bem cozido e de bom acabamento. Outra solução é usar tubos de PVC de 15 cm. Esta ligação tem cerca de 4 metros de comprimento.

O túnel de ligação da caixa de descarga com o corpo do digestor deverá ter 20 x 20 cm em qualquer tamanho escolhido de biodigestor. O batente deverá estar exatamente no nível do início da curvatura da calota.

É indispensável vedar muito bem e reforçar os pontos de encaixe das caixas de carga e descarga com o interior do poço.

Acabamento interno — O reboco das paredes internas do poço deve ser muito bem realizado, antes do início da construção da cúpula. Se os tijolos não forem curados com antecedência, durante a construção, é indispensável fazê-lo agora, com água. A proporção do reboco pode ser a mesma indicada na construção do biodigestor indiano. Os técnicos da Embrater sugerem a proporção 1:2,5 de cimento e areia fina bem peneirada. Este primeiro reboco deve ter 1,5 cm de espessura. Depois são aplicadas mais duas camadas de cimento e cal, com colher, na proporção 1:1. Depois que esta estrutura estiver curada, passar ainda mais quatros demãos de nata de cimento, com broxa.

Construção da cúpula — Para construir a cúpula do biodigestor, utiliza-se um suporte de madeira, como mostra a figura a seguir, que servirá de base para o assentamento dos tijolos. A medida da cúpula para os quatro tamanhos de biodigestores é definida, na tabela-guia, pelo índice *R2*.

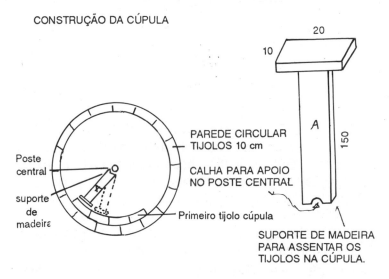

Figura 35

A base do braço do suporte de madeira deverá ser fixada no cano central. Assim, ele fica livre para circular, mas não pode descer ou subir verticalmente durante os trabalhos. A ilustração seguinte mostra detalhe do início dos trabalhos de construção da cúpula. O primeiro tijolo deve ser assentado com muito cuidado, já obedecendo à inclinação do suporte de madeira.

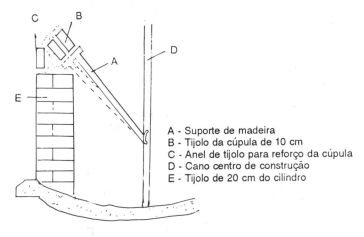

A - Suporte de madeira
B - Tijolo da cúpula de 10 cm
C - Anel de tijolo para reforço da cúpula
D - Cano centro de construção
E - Tijolo de 20 cm do cilindro

Figura 36

O revestimento da cúpula é parte importante do processo. Os técnicos da Embrater, no *Fichário de Tecnologias Adaptadas n° 4*, de outubro de 1980, aconselham os seguintes procedimentos: "Não fazer revestimento ou rebocos por partes ou setores, para evitar emendas no cimento. Fazer o primeiro revestimento interno ou reboco com massa de traço forte com areia lavada com vedacit, usando peneira fina, traço 1:2,5. Se possível, procurar fazer todo o revestimento interno no mesmo dia ou evitar muitas emendas da massa. Deixar curar bem o cimento, jogando água constante e abundantemente. Fazer, em seguida, dois revestimentos internos de cimento e cal, na proporção 1:1, sem vedacit, com 0,5 cm de espessura, usando a colher. Finalmente, fazer quatro pinturas com nata de cimento pura, aplicando vigorosamente a broxa após secar cada pintura".

O acabamento externo deve ser realizado da mesma forma como se fez o interno. Após serem feitas as quatro pinturas com nata de cimento, é importante jogar água constantemente para evitar rachaduras. O ponto mais vulnerável de todo o sistema é o anel da tampa, razão pela qual ele deve ser bem impermeabilizado, interna e externamente.

Tampa de acesso — O anel superior da tampa de acesso precisa ser construído e plastificado com muito cuidado, pois é aí que ocorrem os maiores escapes de gás. Os tijolos devem ser colocados com massa em contato direto com a cúpula, e não em cima da massa já revestida da cúpula.

DETALHE DO ANEL E ENCAIXE DA TAMPA DE ACESSO

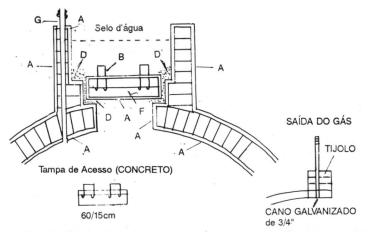

A - Plastificação ou impermeabilização com 2 capas de 1:1, areia e cal
B - Ferro grosso 1/4" de construção
C - Malha de ferro de sustentação
D - Massa de vidraceiro ou parafina
E - Sêlo d'água de 35 cm
F - Concreto reforçado e plastificado
G - Cano galvanizado 3/4" com rosca

Figura 37

Tendo como guia a figura anterior, percebe-se que é simples o sistema de fechamento da boca de acesso do biodigestor chinês. Mas é indispensável que se tome bastante cuidado para evitar qualquer tipo de vazamento. A tampa circular é feita com concreto e ferragens, tendo quatro alças de transporte, montadas com vergalhão. Antes de assentar a tampa, é indispensável colocar massa de vidraceiro e parafina ou betume para assegurar a vedação. Assim que a tampa for colocada, deve-se comprimir a massa entre o anel e a tampa, utilizando-se um soquete de madeira ou ferro. O melhor método para a massa aderir bem à parede é pintar antes com tinta a óleo. Assim que a tinta tiver secado um pouco, mas ainda "pegar", aplica-se a massa. Quando a tampa estiver instalada, é necessário encher imediatamente o anel com água ("selo de água"), para evitar que a massa resseque.

Como funciona — Como se pode ver, no biodigestor chinês o gás é armazenado na cúpula fixa, de alvenaria. Assim, a caixa de descarga acaba funcionando como uma câmara de compensação. Se a produção de gás for maior que o consumo, a pressão do gás armazenado na cúpula empurra a biomassa para cima. No sentido contrário, se o consumo for maior que a produção, a biomassa na câmara de compensação abaixa.

Como o líquido dentro do poço varia, a pressão do gás neste tipo de biodigestor não é constante, razão pela qual devem ser instalados manômetros *(leia adiante)* que indiquem a pressão e o volume do gás disponível.

Por isso, ainda, a câmara de compensação deve ter um volume equivalente ao do gás necessário em estoque. O biofertilizante, portanto, será retirado dessa câmara semanalmente, embora a carga do biodigestor seja acrescentada diariamente.

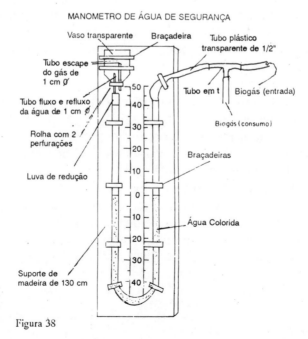

Figura 38

O manômetro é construído seguindo-se o modelo apresentado na ilustração anterior. O próprio tubo de saída do gás pode ser fixado na parede ou em uma tábua firme, em local abrigado. A escala métrica será colocada nesse suporte, segundo o modelo. Algumas gotas de mercúrio-cromo na água são suficientes para se obter o líquido de controle. O tubo é uma mangueira plástica transparente de 5/8". O nível do líquido deve ser refeito sempre que ocorrer evaporação (*leia adiante especificações de funcionamento*).

Dreno de saída — O biodigestor chinês, como veremos mais à frente, precisa ser esvaziado periodicamente. Na ilustração-guia do biodigestor modelo chinês, mostramos que, se o digestor for construído em terreno com declive, a descarga poderá ser automática (veja o cano instalado na base do poço). Caso não exista essa possibilidade, o biodigestor deverá ser esvaziado manualmente duas vezes por ano, para limpeza.

Canos e mangueiras de saída — O cano de saída do gás pode ser de PVC ou galvanizado, de 3/4". Deve transpassar o anel da cúpula para ficar melhor fixado. A sua altura externa não deve ultrapassar os 20 cm, terminando em rosca de 3/4". Este cano deve ser raspado com uma grosa e depois fixado no cimento com anéis de arame, para manter-se bem firme.

As mesmas especificações e cuidados a serem tomados na instalação dos tubos no modelo indiano serão seguidas aqui. A mangueira flexível para saída de gás até o ponto de consumo poderá ser tanto de 3/4" como de 1/2". Não deve apresentar emendas até o manômetro. O primeiro registro de saída do gás não deve ficar no cano de saída do biodigestor, e sim, antes do manômetro, dentro de casa.

Assim, quando se tiver de fazer algum serviço de manutenção no biodigestor, retira-se o tubo de saída e rosqueia-se uma tampa de vedação de encanamentos no cano de saída. O registro pode ser igual aos utilizados em fogões comuns que utilizam gás liquefeito de petróleo.

COLOCANDO O BIODIGESTOR EM FUNCIONAMENTO

Há pequenas variações nas normas de funcionamento do biodigestor chinês, de acordo com os diferentes órgãos técnicos ou especialistas que as apresentam. Seguimos aqui os passos detalhados pelos técnicos da Embrater, de acordo com a experiência do biodigestor instalado na Granja do Torto, para o Projeto de Difusão e Instalação de Biodigestores no Meio Rural.

"Operação de carga
a) Fazer uma pré-fermentação da matéria-prima (2 a 10 dias) com ou sem adição de água;
b) A água destinada à mistura deverá permanecer durante todo o dia em um tambor pintado (de preferência) de preto, exposto ao sol. Esta água, sendo utilizada em torno das 15 horas, estará mais aquecida de aproximadamente 8 graus, o que aumenta a produção de gás;
c) Fazer a mistura à tarde, na caixa de carga, com partes iguais de água e esterco, ou quatro partes de esterco bovino e cinco partes de água. Depois proceder ao carregamento, lavar as caixas e as rolhas de vedação, retirando bem as pedrinhas e areia que ficaram no piso da caixa.
d) Imediatamente após ou durante a carga, proceder à descarga do efluente, a fim de evitar que a pressão interna receba uma adicional extra. Retirar o efluente utilizando um vasilhame, uma corda, uma bomba manual de duas ou mais polegadas de descarga ou o dreno automático. Se possível, retirar uma parte do efluente antes e outra depois da carga da mistura, para evitar reversão de pressão na câmara de gás. Uma lata de querosene com suporte e uma corda podem servir para a descarga do efluente. Pode-se, também, utilizar um sistema de roldanas de poço, evitando-se com isso maior esforço. As bombas do tipo "sapo", com 2" ou 3", são excelentes para descarregar o efluente. Colocadas em cima de um suporte de 50 cm de altura, podem deslocar o efluente por gravidade, na tubulação de PVC de 15 cm, a mais de 100 m de distância. Uma régua marcada, colocada

no interior da caixa de descarga, indica a quantidade de efluente que deve ser retirada diariamente para manter uma determinada pressão de gás no digestor. O nível do efluente na caixa de descarga deverá ser mantido após a carga da mistura."

Outras observações — De resto, os princípios de biodigestão são semelhantes aos já discutidos no capítulo referente à construção do biodigestor modelo indiano. Há, no entanto, algumas particularidades que devem ser respeitadas:

Biomassa — No biodigestor chinês, não é conveniente colocar mais do que duas ou três cargas por mês de matéria como folhas secas, restos de cultura etc. O ideal é que essa matéria orgânica fique fermentando por cerca de 10 a 15 dias antes de ser lançada no biodigestor. Com isso, mantém-se uma relação de carbono/nitrogênio ideal dentro do equipamento.

Descarga automática — A característica da caixa de descarga do biodigestor modelo chinês permite que se monte um sistema simples de descarga automática do biofertilizante, desde que o biodigestor seja construído em um pequeno declive, como mostra a ilustração-guia do biodigestor, no início deste capítulo. Isso é possível fazendo-se um dreno na parede da caixa, exatamente na altura correspondente à pressão desejada. Quando se fizer a carga diária da mistura, haverá descarga automática do biofertilizante.

OBSERVAÇÕES MUITO IMPORTANTES

1) A pressão no interior do biodigestor chinês não pode exceder os limites, sob risco de forçar toda a estrutura da cúpula. É importante tomar cuidado para que a pressão não exceda a marca de 30 a 40 cm na coluna de água. O nível da caixa de descarga deve ser observado diariamente. Toda e qualquer carga requer uma descarga de igual volume.

2) É importante manter a pressão do gás, para que os equipamentos funcionem de acordo com a pressão recomendada pelos fabricantes.

3) Se houver uma retirada muito brusca do biofertilizante na caixa de descarga, não correspondente ao volume colocado na caixa de carga, pode ocorrer uma *inversão de pressão*, que o manômetro acusará imediatamente. Quando isso ocorrer, não se deve *de forma alguma* utilizar o biogás nos bicos destinados ao consumo, até que se restabeleça a pressão normal. Esse restabelecimento da pressão pode ser "ajudado", colocando-se imediatamente nova carga de mistura. ACENDER OS BICOS DURANTE ESSA INVERSÃO DE PRESSÃO PODE PROVOCAR A ENTRADA DA CHAMA NO INTERIOR DO BIODIGESTOR, OCASIONANDO UMA EXPLOSÃO. A simples abertura da torneira, sem chama no bico, também é problemática, pois pode provocar a entrada de oxigênio na câmara, prejudicando a fermentação e aumentando os riscos de explosão.

4) O gás dentro dos tubos flexíveis expostos aos raios solares se dilata, aumentando a pressão no manômetro. É aconselhável, portanto, proteger esses tubos.

UM TESTE PARA VAZAMENTOS

Este teste pode ser realizado sempre que houver suspeita da existência de vazamentos de gás no biodigestor. É aconselhável realizá-lo também antes de colocar o biodigestor em funcionamento, assim que ele estiver completamente pronto e com a tampa e o selo de água já instalados.

Realize-o da seguinte forma: coloque água limpa no biodigestor, até que esta alcance o nível inferior da caixa de descarga. Pregue uma lata vazia com 15 cm de altura em uma ripa de 70 cm. Esta ripa é articulada com outra de 50 cm. Coloque materiais que produzam fumaça — como restos de borracha, capim etc. — dentro da lata, ateie fogo e introduza-a no interior da câmara pelo túnel da caixa de descarga. Assim que começar a sair fumaça pelo cano de gás, introduza rapidamente mais água até fechar o cano de descarga, de modo a deixar a fumaça presa na câmara de gás. Aí, introduza água, com cuidado, até ela atingir o nível do batente da caixa de descarga. Desligue o manômetro e feche o registro. Verifique cuidadosamente toda a cúpula para certificar-se de que não há vazamentos. Se houver no selo de água, ele aparecerá na forma de pequenas bolhas.

LIMPEZA DO BIODIGESTOR

Como já vimos, o biodigestor chinês deve ser esvaziado e limpo duas vezes por ano. Esta tarefa requer certos cuidados. Antes de entrar no biodigestor, a pessoa encarregada da limpeza deve certificar-se de que ele está mesmo completamente limpo e seco. O biodigestor deve ser ventilado alguns dias antes da operação. A limpeza deve ser feita, sempre, por duas pessoas. Aquela que for entrar dentro da câmara deve amarrar uma corda na altura dos braços. A ponta da corda ficará para fora, segurada pelo outro, que observará toda a operação. Se aquele que estiver no interior sentir-se mal ou desmaiar, deve ser puxado pela corda. NUNCA SE DEVE ENTRAR PARA SOCORRER A OUTRA PESSOA. Se o socorro for rápido, em caso de acidente, ventilação abundante será suficiente para a pronta recuperação.

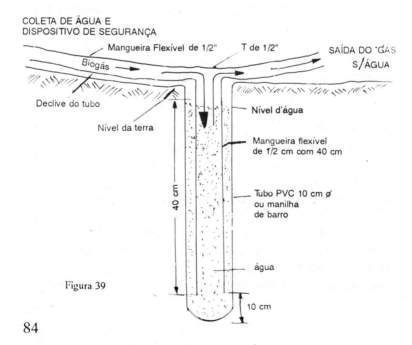

Figura 39

Drenar a água — A exemplo do biodigestor indiano, o modelo chinês também carece de um dispositivo para drenar a água que, carreada em gotículas juntamente com o gás, tende a se acumular nas tubulações do sistema. O dispositivo detalhado na ilustração anterior, além de cumprir esta função, serve de segurança para o sistema, liberando pressões acima de 40 cm da coluna de água.

DOIS MODELOS DE AGITADOR

Quando se pretende utilizar com certa freqüência qualquer tipo de matéria fibrosa na biomassa do biodigestor chinês, como folhas e outras matérias orgânicas, é indispensável que se agite diariamente o caldo em fermentação. Para isso, pode-se construir, fixo ao biodigestor, um agitador, como mostra a figura a seguir.

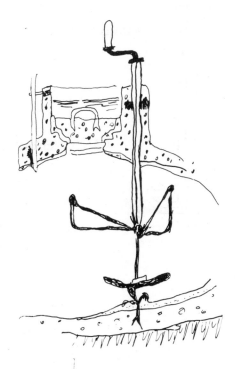

Figura 40

O agitador é feito de aço e acionado à mão. O tubo onde ele funciona atravessa a abóbada e é fixado no fundo do digestor por um pivô. A saída de gás é impedida por um segundo tubo-guia que vai até um pouco abaixo do nível mínimo do caldo.

Outro sistema mais simples de agitador é mostrado na figura seguinte. Trata-se de um caibro de 4 m de comprimento, à ponta do qual é fixada, por pregos e três cantoneiras, uma tábua de 30 x 40 cm. Coloca-se o agitador rente à parede da caixa de descarga que fica próxima ao corpo do biodigestor e, com movimentos para cima e para baixo, provoca-se uma pressão no interior do poço, realizando a agitação.

AGITADOR DE MADEIRA

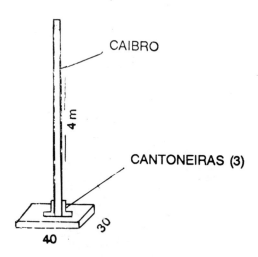

Figura 41

ALGUNS CONSELHOS FINAIS

O bom funcionamento de um biodigestor depende muito da sua manutenção e dos cuidados com que é tratado. Por isso, é bom observar as seguintes regras:

a) **diariamente**, carregar o biodigestor, limpar o tanque da mistura, verificar a pressão do gás;

b) **uma vez por semana**, retirar o material digerido do tanque de descarga e limpar todos os queimadores;

c) **uma vez por mês**, verificar se há vazamentos, utilizando água e sabão;

d) **uma vez por ano**, retirar o depósito do fundo do biodigestor, verificar os queimadores e substituí-los se for necessário;

e) **de anos em anos**, refazer a camada impermeabilizante, depois de esvaziar e limpar o biodigestor.

Capítulo 4

GENERALIDADES: OS DOIS MODELOS

O BIOGÁS NA COZINHA

Existem, no comércio, queimadores para biogás construídos em metal ou em argila. Os chineses utilizam muito um queimador artesanal, feito de argila, que qualquer pessoa que trabalhe em uma cerâmica é capaz de construir. Ele se constitui de um *injetor*, da *câmara de mistura* e dos *jatos de queima*. Em queimadores pequenos, o injetor tem 0,1 a 0,2 mm de

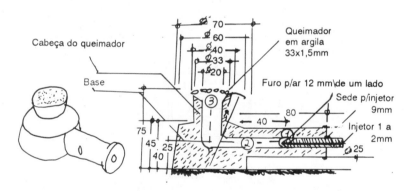

Figura 42

diâmetro; os jatos de queima de 1 a 5 mm, dependendo do número de jatos. A força do jato de gás no injetor suga ar para dentro da câmara de mistura, o qual se consome nos queimadores. Estes devem ser ajustados de modo que a velocidade de saída seja mais alta que a de combustão.

89

Caso contrário, o gás explodirá na câmara de mistura. Essa ajustagem depende da pressão do gás, de maneira que os furos devem ser testados.

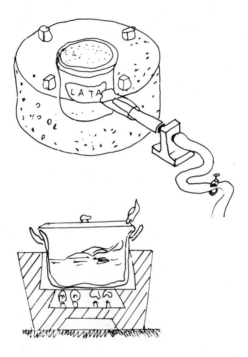

Figura 43

Pode-se fazer um queimador simples, usando-se latas de conserva, como mostra a ilustração anterior. A regulagem da chama é importante para o máximo desempenho do queimador. Colocando-se a panela da forma indicada no segundo desenho dessa ilustração — dentro da lata e com a chama apenas tocando a sua base —, poupa-se gás.

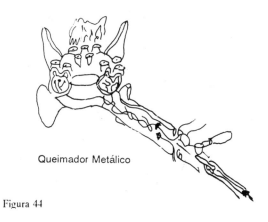

Queimador Metálico

Figura 44

Na ilustração precedente, temos um modelo de queimador metálico, desses que se adquire já prontos no mercado. Abaixo, um fogão rural chinês, que funciona a biogás, mostrando as entradas da instalação e os ajustes das panelas.

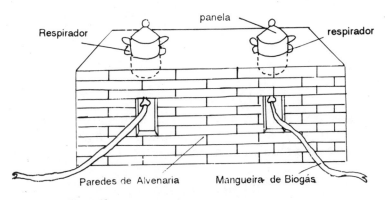

Figura 45

ILUMINANDO COM BIOGÁS

A construção de uma lâmpada de camisinha a biogás é simples e semelhante à de um queimador de fogão. Consta de um injetor de aproximadamente 0,7 mm de diâmetro, câmara de mistura e distribuidor de porcelana com jatos de 1,5 mm de diâmetro.

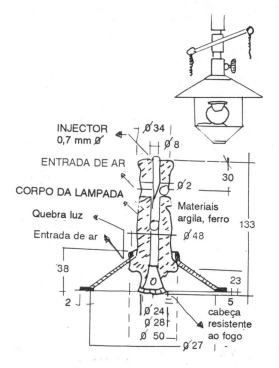

Figura 46

O gás deve ter, pelo menos, 10 cm de coluna de água de pressão para fazer funcionar a lâmpada. Regula-se o injetor testando-se a medida mais adequada.

OUTRAS UTILIDADES

Como já vimos anteriormente, o biogás pode ser utilizado ainda no funcionamento de geladeiras a querosene, desde que os jatos sejam regulados. Em motores a diesel e gasolina, qualquer mecânico pode fazer a conversão: o tubo de gás é ligado à entrada de ar do motor e a quantidade de gás ajustada às necessidades deste. Tanto o carburador como os injetores a diesel são conservados. O único detalhe é que, para fazer funcionar motores, exigem-se biodigestores de grande volume, devido ao alto consumo.

Através de compressores, o biogás também pode ser armazenado em bujões especiais para utilização industrial e, mesmo, funcionamento de veículos. Esta tecnologia, entretanto, é normalmente utilizada quando se tem biodigestores de grande porte e capazes de gerar imensas quantidades de energia, o que foge ao escopo deste livro.

APÊNDICE

O material que se segue faz parte do documento "Normas Técnicas Para um Biodigestor", publicado pela Coordenadoria de Assistência Técnica Integrada — Cati —, de Campinas, São Paulo. A base dos cálculos é o biodigestor modelo indiano, que sofreu adaptações — principalmente no que se refere às dimensões — da equipe da Faculdade de Ciências Agrárias e Veterinárias de Jaboticabal. Muitas das informações técnicas nele contidas, entretanto, são extremamente úteis também para o modelo chinês de biodigestor.

CÁLCULO DE UM BIODIGESTOR (*)

1. Dimensionamento do biodigestor:

1.1. Fator K — corresponde à relação entre o volume do biodigestor (Vd) e o volume do biogás (VB) necessário para o consumo diário.

$K = (Vd)/(VB)$

O fator K está em função do tipo de material a ser digerido. Ainda não é conhecido para todo material biodigerível; contudo, no caso dos dejetos de bovino o fator K é de 2,5. Para os demais materiais o fator K varia de 0,7 a 4. O fator K está também em função da temperatura; assim, quanto maior ela for maior será a eficiência, e portanto mais econômica, isso porém dentro dos limites estabelecidos, uma vez que se pode diminuir as dimensões do biodigestor. O fator K também está em função da concentração da mistura (dejetos + água); quanto menor a concentração, menor a produção de biogás.

Outra relação que deve ser obedecida é C/N(carbono/nitrogênio).

A fermentação produz CH_4 e CO_2, daí o consumo de carbono, diminuindo C/N e, conseqüentemente, aumentando N. Contudo, essa relação não pode ser muito pequena, isto

---

(*) *In* "Normas Técnicas Para um Biodigestor" Cati

é, haver excesso de produtos nitrogenados na mistura. Uma concentração grande de nitrogênio pode até paralisar a fermentação.

1.2. Volume útil do biodigestor — poderá ser calculado pela fórmula (Vd) = K. (VB).

1.3. Relação entre diâmetro interno (Di) e altura útil (H) do biodigestor. Di/H deverá estar entre os valores 0,66 e 1,00. Pesquisas realizadas na Faculdade de Ciências Agrárias e Veterinárias de Jaboticabal determinaram esses valores como ideais. É exatamente nesse intervalo que se nota a maior eficiência na produção do biogás. Por essa razão é que adotaremos o sistema Jaboticabal, pesquisado e estudado para nossas condições.

Há situações em que o lençol freático do solo está muito próximo à superfície, e o H tem de ser reduzido.

1.4. Cálculo do Di e do H do biodigestor:

$$Vd = \pi \, (Di)^2.H/4 = K(VB)$$

Para esse cálculo admite-se um erro de 1% a mais, porém nunca erro para menos.

1.5. Outras medidas importantes:

— Nível da mistura biodigerível: é determinado em função da altura do digestor e da altura da campânula. O respaldo da parede central serve de apoio para a base da campânula.

— Altura (a) do fundo da caixa de abastecimento: o fundo da caixa de abastecimento deverá estar acima do nível da mistura em pelo menos 0,50 m. A boca de entrada do tubo de abastecimento deve ficar de 0,02 m a 0,03 m acima do nível do fundo da caixa de abastecimento. Assim, impurezas mais pesadas se depositarão no fundo da caixa de abastecimento e não serão arrastadas para dentro do digestor.

— Volume (v) de reabastecimento diário:

$$V = (Vd)/(Pr)$$

O (v) é o volume de dejetos de bovinos mais água limpa na proporção de 1:1 e, portanto, V/2 é a quantidade de dejeto puro por dia para atender à necessidade diária de biogás. O (v) também representa o volume do biodigerido (biofertilizante) que o digestor descarrega diária e simultaneamente ao abastecimento. (Pr) é o período de retenção, que para o nosso caso é de 50 dias.

— Altura (b): Este valor é representado como pressão máxima desejada para o biogás e é expresso em coluna de água.

— Folga (d): é a diferença entre o diâmetro da parede superior (Ds) do digestor e o diâmetro da campânula (Dg): d = (Ds) — (Dg → 0,10 m. O (d) dá condições de movimento de sobe-e-desce à campânula, de acordo com gasto e produção do biogás.

— Folga (f): representa a folga existente entre o (Di) e (Dg):
f = (Di) — (Dg) → 0,10 m
Isso é para evitar a saída de bolhas de biogás entre a parede interna do digestor e a parede externa da campânula (perda pelo "selo" de vedação).

— Altura da parede divisória: esse valor é dado pela expressão 2H/2 (valor aproximado).

— Altura (e): é dada pela diferença de nível entre o fundo do digestor e a parte inferior dos tubos de abastecimento ou de descarga. Esse valor é fixo e deve ser de 0,30 m. Essa altura facilita a agitação da mistura biodigerível.

— Diâmetro dos tubos de abastecimento e descarga: seu valor mínimo é de 4 polegadas.

2. Dimensionamento do gasômetro:

2.1. Volume da campânula: (Vg)
$Vg = V_1 + V_2$
V_1 é o volume existente entre a tampa do gasômetro e o nível da mistura do biodigestor. Chamando-se esse valor de h_1, temos:
$V_1 = \pi\,(Dg)^2/4.h_1$. É o chamado volume ocioso, porque, quando a campânula está vazia, o gás residual não tem pressão; portanto, não pode ser usado.
V_2 é o volume útil:
$V_2 = \pi\,(Dg)^2/4.h_2$
2.2. Peso do gasômetro (va) — o peso do gasômetro vai dar a pressão do biogás.
$Pg = \pi\,p\,(Dg)^2/4$, onde p é a pressão desejada expressa

97

em kgf/cm²; e, portanto, Dg deve ser expresso, neste caso, em centímetros. Pode-se aumentar a pressão acrescentando-se L, que é o lastro. Portanto, L é igual ao peso total (peso da campânula + lastro), menos peso real (pesado na balança) da campânula.

Uma maneira simples e prática para determinar a pressão do biogás, contido na campânula, é a improvisação de um manômetro, representado por tubo em u derivado do próprio tubo de saída de gás com duas réguas (uma em cada perna do u). No u, coloca-se água na pressão normal, e ao abrir-se o registro do gás a coluna sobe de um lado. A diferença de leitura das duas réguas dá a pressão em altura da coluna de água por centímetro quadrado.

3. Volume do biodigestor — (Vd) = K(VB)

Para dejetos bovinos, nas condições de São Paulo, K = 2,5.

(Vd) = 2,5.10,0 → 25 m³

3.1. Cálculo de (Di) e de (H):

(Di)/(H) inicialmente é feito por tentativas, tomando-se o cuidado de manter esse valor entre 0,66 — 1,0

Fazendo-se Di = 2,80 m e H = 4,10 m,

verifica-se:

(Vd) = π (Di)²/4. H = 3,14.2,80²/4 . 4,10 → 25,23, com erro aproximado de quase 1%, o que é admissível.

Di/H = 2,80/4,10 = 0,683

Conclui-se que trabalharemos com os valores escolhidos para (Di) e (H).

Não consideramos o valor do volume da parede interna, que já está incluído no valor K (2,5).

3.2. Cálculo da campânula:

3.2.1. Cálculo do volume útil (V_2) — devemos considerar os picos de volume máximo e mínimo, daí a necessidade de um programa para uso do biogás durante o dia.

3.2.1.1. Café da manhã — consideramos o período de cozimento dividido em partes (1/3 café; 1/3 almoço; e 1/3 jantar), sendo o período do café das 6 às 7 horas, juntamente com o motor e a iluminação agora de apenas 2 lampiões acesos; teremos:

2,10 m³/3 = 0,70 m³
motor = 2,25 m³
iluminação = 0,08.2.1 = 0,16 m³ (com apenas 2 lampiões)
Total = 3,11m³/1 hora

3.2.1.2. Volume que deverá estar armazenado às 6 horas:
3,11m³ — 10 m³/24 horas . 1 hora = 2,69 m³

3.2.1.3. Consumo crítico durante duas horas do jantar:
— cozinha — 2,10/3 = 0,70 m³
— iluminação — 0,080.3.2 h = 0,48 m³ (3 lampiões)
— banhos — 3,70 m³
— Total — 4,88 m³/2 horas

3.2.1.4. Volume que deverá estar armazenado no início
do período do jantar:
4,88 m³ — 10 m³/24 h . 2 h = 4,04 m³

3.2.1.5. Volume que deverá estar armazenado no período
de consumo mínimo: das 22 horas às 5 horas da manhã o
consumo é zero e a produção consideramos constante.
10 m³/24 horas . 7 horas = 2,94 m³
Comparando-se 2,4 e 5 (2,69 m³ ; 4,04 m³ ; 2,94 m³),
podemos considerar 4,04 m³ em 2 horas como pico máximo.
Vamos considerar que às 22 horas estejamos com o
gasômetro totalmente vazio:

Período	Armazenado m³	Produzido m³	Total m³	Uso m³	Sobra m³
22h - 5h	0	2,94	2,94	-	2,94
5h - 6h	2,94	0,42	3,36	3,11	0,25
6h - 10h	0,25	1,68	1,93	-	1,93
10h - 12h	1,93	0,84	2,77	0,70	2,07
12h - 17h	2,07	2,10	4,17	-	4,17

Temos, portanto, às 17 horas = 4,17 m³, sendo o volume
útil mínimo de V_2 de 4,04 m³, logo teremos uma sobra para
nossa programação de uso de biogás.

3.2.2. Cálculo do diâmetro do gasômetro:
Dg = Di + 0,10 m = 2,80 + 0,10 = 2,90 m

3.2.3. Cálculo da altura útil do gasômetro:
$V_2 = \pi (Dg)^2/4.h^2 \therefore h^2 = 4V^2 (\pi Dg)^2 = 4 . 4,04/3,14 . 2,90^2$
$h_2 = 0,62$ m

3.2.4. Altura ociosa h_1:
$h_1 = b = 0,15$ m

Conclusão:
Dg = 2,90 m
h = 0,77 m

Sendo 0,77 m uma medida não recomendável, indicaremos h = 0,80m.

Verificação:
2/3H = 4,10/3. 2 = 2,73 m
4,10 — 0,62 = 3,48, que, sendo maior que 2,73 m, não limita a altura da parede divisória:
3,48 — 2,72 = 0,76 m

3.2.6. Peso necessário do gasômetro:
$Pg = \pi p(Dg)^2/4$
p = 15 cm de coluna de água
$Pg = 3,14 . 0,015$ m . $290^2/4 \cong 990$ quilos
Para cada 10 cm de coluna de água, temos necessidade de 100 quilos/m² de área da base do gasômetro. Se o gasômetro pesa menos de 990 quilos, precisaremos adicionar a diferença de peso com lastros (pedras, sacos de areia etc.).

3.3. Outras medidas importantes:

3.3.1. Altura da parede divisória:
$H-h_2 = 4,10 — 0,62 = 3,48$ m

3.3.2. Diâmetro da parede cilíndrica superior do biodigestor:
d = Ds — Dg = 0,10 m
Ds = Dg + d = 2,90 + 0,10 = 3,00 m

3.3.3. Altura (b) da parede cilíndrica acima do nível da mistura:
b = 0,15 m

3.3.4. Altura das extremidades inferiores dos tubos em relação ao fundo do digestor:
e = 0,30 m

3.3.5. Diâmetro dos tubos de PVC de abastecimento e de descarga:
Diâmetro mínimo = 4" ou 0,10 m

3.3.6. Caixa de abastecimento:
— Volume útil v = Vd/Pr = 25/50 = 0,5 m³ para Pr = 50 dias, que é o período de retenção da mistura no digestor.
— Altura útil v/base = 0,5 m³/1.1 = 0,50 m
Portanto, altura de fundo (a) = 0,50 m
altura útil = 0,60 m
total = 1,10 m

3.3.7. Cálculo da quantidade de material para construir o biodigestor:

a) biodigestor:
• material de alvenaria:
— tijolos;
— cimento e areia na massa para assentamento e revestimento;
— cimento, areia e brita no concreto;
— total de areia, cimento e brita.
• materiais totais.

b) gasômetro;

c) outros materiais.

a) **Biodigestor** — material de alvenaria.
Determina-se o volume das paredes do digestor e das paredes das caixas de abastecimento e descarga:

1) Volume das paredes do biodigestor — (VTP)

— Volume da parede inferior do digestor:
V_1 = 2π diâmetro médio/2 . altura . espessura
V_1 = 3,14 (2,80 + 0,50/2) . 3,48 . 0,25
V_1 = 8,33 m³
— Volume da parede superior do digestor:
V_2 = 2π diâmetro médio/2 . altura . espessura
V_2 = 3,14 . (3,00 + 0,30/2) . 0,77 . 0,125
V_2 = 0,95 m³

— Volume da parede divisória:

V_3 = altura . comprimento . espessura

V_3 = 3,48 . 2,80 . 0,25

V_3 = 2,44 m³

— Volume das paredes da caixa de abastecimento:

V_4 = 4 (1,00 . 1,50 . 0,125)

V_4 = 0,75 m³

— Volume das paredes da caixa de descarga:

V_5 = 4 (0,50 . 1,00 . 0,125)

V_5 = 0,25 m³

$VTP = V_1 + V_2 + V_3 + V_4 + V_5$

VTP = 8,33 + 0,95 + 2,44 + 0,75 + 0,25

VTP = 12,72 m³

2) Cálculo da quantidade de tijolos, areia e cimento

— Quantidade de tijolos — determina-se a quantidade de tijolos dividindo-se VTP pelo volume de um tijolo mais massa.

Q_t = VTP/0,002275

Q_t = 12,72/0,002275 = 5.590, que, acrescentado 10%, temos o total de 6.000 tijolos.

— Quantidade de areia e cimento — determina-se a quantidade de massa multiplicando o total de tijolos pelo volume de um tijolo sem massa e subtraindo-se do VTP.

V_t = 0,001728 . 6.000

V_t = 10,368 m³

$M = VTP - V_t$

M = 12,72 - 10,368

M = 2,352 m³

Para massa com traço 3:1

2,352/4 = 0,59 m³

Quantidade de cimento 0,59 . 1.400/50 = 16,50 sacos

Quantidade de areia 0,59 . 3 = 1,77 m³

3) Cálculo de concreto, para traço 6:3:1

Inicialmente, calcula-se o volume de concreto:

— Volume do concreto da base do digestor:

V_1 = Di/4 . h

$V_1 = 3,14 \cdot 3,30/4 \cdot 0,20$

$V_1 = 1,789 \ m^3$

-- Volume do fundo das caixas de abastecimento e descarga:

$V_2 = 2(1,00 \cdot 1,00 \cdot 0,10)$

$V_2 = 0,20 \ m^3$

-- Volume do bloco fixador do tubo-guia:

$V_3 = 0,60 \cdot 0,26 \cdot 0,26$

$V_3 = 0,041 \ m^3$

$V_c \ total = V_1 + V_2 + V_3$

$V_c = 1,789 + 0,20 + 0,041$

$V_c = 2,030 \ m^3$

Quantidade de cimento:

$2,030/10 = 0,203 \ m^3$

$0,203 \cdot 1400/50 = 5,68$ sacos

Quantidade de areia:

$2,030/10 \cdot 3 = 0,61 m^3$

Quantidade de pedra britada nº 2:

$2,030/10 \cdot 6 = 1,22 \ m^3$

Total de materiais:

Tijolos			6.000 unidades
Cimento	16,50 + 5,68	22,18	25 sacos
Areia	1,77 + 0,61	2,38	3 m³
Brita nº2		1,22	2 m²

1 barra de cano de ferro de 2,5 polegadas de diâmetro
4 barras de cano PVC com 4 polegadas de diâmetro

b) Gasômetro:

Uma campânula de chapa de ferro nº 16 (2 mm) com guia interna e diâmetro de 2,90 m e altura de 0,80 m, reforçada com raio. A armadura deve ser rígida. Ainda deve existir uma luva de 1" para saída de biogás.

c) Outros materiais:

— um registro de gás com carcaça de latão e válvula inoxidável para saída do gás do gasômetro e outro na entrada da rede de distribuição, ambas de 3/4" a 1";

— tubos de plástico rígidos de 3/4" ou 1" ;

— registros de distribuição colocados na entrada de cada órgão queimador, com 3/8" ;

— mangueiras de 3/8" para ligar o gás aos queimadores;

— luvas, tês, curvas, derivações, cola etc.

DADOS PARA CÁLCULO DE MATERIAIS DE CONSTRUÇÃO

— Dimensões dos tijolos maciços → 0,06 . 0,12 . 0,24

— Volume aproximado → 0,001728 m³

— Dimensões de um tijolo com argamassa → 0,07 . 0,13 . 0,25

— Volume de um tijolo com argamassa → 0,002275 m³

— Traço da massa de assentamento e revestimento → 1:3 (cimento:areia)

— Traço de concreto → 1:3:6 (cimento:areia:brita)

— Peso específico do cimento → 1.400 quilos/m³

— Volume de materiais a serem misturados para 1 m³ de concreto com traço 1:3:6 → 160 litros de cimento, 480 litros de areia, 960 litros de brita nº 2 e 110 litros de água.

— Espessura das paredes → 0,25 m

BIBLIOGRAFIA

Para a execução deste livro, foram fundamentais, como fonte de consulta e referência, os seguintes trabalhos:

Sistema rural de bioenergia. Boletim técnico do Centro Nacional de Pesquisa de Milho e Sorgo da Embrapa. Sete Lagoas, MG.

"O biogás e o biofertilizante no balanço energético do Brasil", Normando Alves da Silva, *DAE*, vol. 44, nº 136, março de 1984.

Energia 82, as novas opções. Diagnósticos Apec.

Modernos, inovadores e econômicos biodigestores rurais, Celso Savelli Gomes e Luiz Savelli Gomes. Informe técnico da Organização das Cooperativas do Estado do Paraná, nº 3, junho de 1981. Cascavel, PR.

"Construção e funcionamento de biodigestores", Jorge Seixas, Sérgio Folle e Delmar Marchetti. *Circular Técnica nº 4*, Centro de Pesquisa Agropecuária dos Cerrados, janeiro de 1981. Brasília, DF.

"Processamento de biogás e seu aproveitamento em veículos", Celso S. Gomes. Revista *Sanepar*, agosto de 1982. Curitiba, PR.

"Biogás. Biodigestor de cúpula fixa, modelo chinês". *Fichário de tecnologias adaptadas,* fascículo nº 4/outubro de 1980. Serviço de Extensão Rural Embrater. Brasília, DF.

"Análise da situação de fertilizantes", G. Pereira. *Boletim Snap.* São Luiz, MA.

"Biodigestores". *Telecurso Rural,* fascículo nº 4, Secretaria de Agricultura e Abastecimento do Estado de São Paulo e Fundação Padre Anchieta, 1981. São Paulo, SP.

"Biodigestores: o lucro", Maria Fernanda Costa Fonseca. Revista *Agricultura de Hoje,* novembro/dezembro de 1982.

"Biodigestor, a fonte da fertilidade", Roberto Manera. *Revista Globo Rural* nº 12, 1986. São Paulo, SP.

"Biodigestores fazem sucesso também no Nordeste". *Revista Dirigente Rural,* julho de 1987.

"Viabilidade econômica do uso de biodigestores", Luiz Carlos Beduschi *et alii*. Documento técnico nº 47 da Coordenadoria de Assistência Técnica Integrada (Cati). Campinas, São Paulo.

"Energie et agriculture", Yvez-Marie Le Berre. Boletim do Centro Francês de Informação Industrial e Econômica, maio de 1982.

"Efecto del estiercol de bovinos sobre la fermentación anerobia de pulpa de café fresca", Gerardo Lardé. Boletim Técnico do Instituto Salvadorenho de Investigações do Café, *Nueva Série*, nº 8/ julho de 1981.

"Avaliação do biodigestor modelo chinês no Acre", Arlindo Luiz da Costa *et alii*. Boletim técnico da Embrapa-Vepae/Rio, nº 17/junho de 1982.

"Produção e utilização de biogás a partir do esterco de bubalinos", Sérgio de Mello Alves *et alii*. Circular técnica nº 46, Embrapa — Centro de Pesquisa Agropecuária do Trópico Úmido. Belém, PA.

"Culturas Energéticas", Revista *Biomassa*, ano 3/ nº 7 / janeiro/agosto de 1984, APC Editora, São Paulo, SP.

"Custos e tecnologias na produção do biogás. Avaliando os modelos chinês e indiano", Alberto Brandt, João Cipriano, José Jesus Solom Guerreiro e Lívia Pinho. Revista *Ciência e Cultura*, vol. 38, fascículo nº 2, pp. 355 a 358, 1986. Editora da Sociedade Brasileira para o Progresso da Ciência (SBPC).

Quase todo este material se encontra à disposição de qualquer interessado, para consulta, nas bibliotecas do Instituto Agronômico de Campinas (IAC) e da Coordenadoria de Assistência Técnica Integrada (Cati), ambas em Campinas, São Paulo.